ゼロから分かる!

図解 歌舞伎入門

新居典子（歌舞伎エディター）

序章

【歌舞伎という、危険道楽のすすめ】

そもそも、私が無我夢中で歌舞伎に通い始めたのは20年ほど前のこと。それまではせいぜい年に2~3回行くか行かないか…。それが、2001（平成13）年のコクーン歌舞伎『三人吉三《さんにんきちさ》』の公演を機に、雑誌の取材を通して歌舞伎に触れていくうちに、楽しくて面白くて深みにハマってしまったのでした。最初の10年ほどは上演される歌舞伎はすべて制覇。気に入れば2回、3回と通いました。では、歌舞伎の知識が限りなく（外国人並に）ゼロに近かった私が、どのように歌舞伎にハマってしまったのか…。自らの体験を振り返りながら、「ゼロからの歌舞伎」として紹介いたしましょう。

◇◇◇

何事も最初が肝心。私にとって「コクーン歌舞伎」が開眼の観劇体験であったように、初めて歌舞伎を観るなら、評判のいい通し狂言、新作公演を選んでいただきたいもの。かつて江戸時代の芝居小屋では、劇場で弁当を食べたりお喋りしながら朝から晩まで一日かけて長い芝居を楽しみました。そんな中で、観客の気を惹くために見得やツケ打ちは生まれたのです。生活形態が変わった

今では、長～い演目のうち名場面をオムニバスで上演することが多く、観客は芝居の前後の物語を知っていることを前提に演目が組まれるので、初心者にはやや感情移入しにくい部分もあります。その点、全編を凝縮して上演する通し狂言や新作は、物語が分かりやすいため、歌舞伎デビューにはお薦めです。

❖いろいろな種類の歌舞伎があります！

さて、数多く歌舞伎を観ていくうちに、ひと口に歌舞伎といっても、いろいろなタイプの演目があり、多彩な役者がいるのだと知ることになります。必ず、自分の好みに合う歌舞伎はあるはずです。絢爛豪華で様式的な時代物から、長屋の人情噺を描いた世話物、舞台美術や音楽が美しい歌舞伎舞踊などなど。また頻繁に上演する人気演目でも、役者のこだわりによって演出や台詞まわし、舞台美術、小道具や衣裳、鬘《かつら》までもが微妙に違っていることを発見し、役者によって違いを見比べる面白さが始まるのです。そこで芸談を読んだりするとますます楽しくなります。が、手っ取り早く観劇を助けてくれる優れモノもあります。イヤホンガイドです。私も初めての演目を観るときはイヤホンガイドをつけました。予習して行かなくても、あらすじや見所はもちろんのこと、歌舞伎のうんちくを芝居の邪魔にならないよう絶妙なタイミングで分かりやすく耳元で囁いてくれます。

たとえば、こんな話。歌舞伎の中にはあらゆる場面に〝記号〟があります。色男でも紙衣《かみこ》（紙で仕立てられた着物という設定で、黒地に文字が書かれている）を着ていると落ちぶれた役で、赤い隈取《くまどり》は正義で悪党は青い隈取。花道のすっぽん（小型のセリ）から登場した人物は幽霊や妖怪。太鼓がドロドロドロ…と叩かれると幽霊が登場する前ぶれ。お姫様は赤い衣裳だけど、着物に蓬萊《ほうらい》山《さん》の柄があると妖しいゾ…などなど、役者の衣裳や鬘、化粧、登場の仕方などでその人物の性質が即座に連想できるのです。また、舞台美術や衣裳、鬘、小道具、そして芝居を助ける効果音や黒御簾《くろみす》音楽、ツケ打ちなど、歌舞伎には多くの専門家が携わっていて、これまた裏方の仕事も知れば知るほど奥深いのです。一般の人はバックステージに入る機会はあまりありませんが、ワークショップなどがあれば必見です。

❖追っかければ追っかけるほど癖になる

野暮と言われようが、席は1階の前方が好みです。役者の息づかいや微妙な演技を間近に肌で感じられるから…。歌舞伎座の場合、理想をいえば、全体も見渡せる〝とちり〟の席（前から7〜9列目）が理想。歌舞伎通は2階、3階席で何度も通います。芝居の雰囲気を盛り上げる大向《おおむこ》うの掛け声は3階後方や4階幕見席からかかっています。月に何度も通えるなら、座席によって見え方

が違いますから、見比べてみましょう。また、新作物は特に初日から千穐楽《せんしゅうらく》までの間に演出が変わってくることもありますから、気が抜けません。
やがて、歌舞伎を観ていると、ついつい目で追ってしまう、気になる役者が現れます。「お、この役者はいいぞ」あるいは「好き♡」と…。これがご贔屓《ひいき》です。私の場合は、とにもかくにも女形が好き。この世の者とは思えない性を超越した美しさ、エロス。それは計算し尽くされた様式の基に成り立っています。浮世絵から抜け出したかのような衣裳や鬘、音にのせた歌舞伎独特の所作《しょさ》は見ているだけでも心地いいもの。
ご贔屓の役者を見つけたら、出演する舞台は片っ端から追いかけましょう。歌舞伎座だけでなく、地方公演も追いかけて！　熊本県の古い芝居小屋「八千代座《やちよざ》」や、香川県の日本最古の芝居小屋「旧金毘羅大芝居《きゅうこんぴらおおしばい》（金丸座《かなまるざ》）」の公演なんて追いかけ甲斐があります。タイミングが合えば、江戸の芝居小屋を再現した移動式の「平成中村座」が出没します。劇場を楽しむ、これもひとつの歌舞伎の醍醐味なのです。
観れば観るほど癖になってゆくのが歌舞伎です。４００年の歴史をもつ歌舞伎。言い換えれば、４００年かけて巧妙につくられたエンタテインメントです。歌舞伎の特徴のひとつは、その時代に評判となった能・狂言や文楽、落語などから、したたかに〝いいとこ取り〟をして発展した伝統芸能であること。たと

えば、代表的な演目『勧進帳《かんじんちょう》』は能の『安宅《あたか》』を題材にしており、三大名作の『義経千本桜《よしつねせんぼんざくら》』『仮名手本忠臣蔵《かなでほんちゅうしんぐら》』『菅原伝授手習鑑《すがわらでんじゅてならいかがみ》』は人形浄瑠璃から、『人《にん》情噺文七元結《じょうばなしぶんしちもっとい》』は落語から取り入れています。それらを呑み込んで完全に消化して歌舞伎という様式にしてしまった〝怪物〟なのです。そう、面白くないわけがない。だから歌舞伎の楽しみは歌舞伎だけにとどまりません。同じ演目の本行の舞台と見比べる楽しみもあります。歌舞伎で耳が慣れていると、文楽の太夫の語りも、能の謡《うたい》も、比較的すんなりと頭に入ってきます。そこで物語の細部やルーツを再確認する面白さもある。歌舞伎を楽しむということは、日本の伝統芸能や文化を鑑賞するための無限大の可能性を孕《はら》んでいるのです。

❖外国人を歌舞伎へ連れて行こう

基本的に、私は歌舞伎には一人で行く事が多い。時間ができたときにふらりと行く、その習慣が心地いいからです。歌舞伎座公演の幕間には、必ず売店で紅白の餅入り鯛焼きか、アツアツの人形焼き（8個入り）を素早く購入します。先日、いつものように人形焼きが入った紙袋を手に座席に戻ったものの、紙袋から漂う甘〜い香り…。一人占めするには気が引けて、隣に座っていた老婦人に人形焼きを一つすすめたら、そこから会話が弾みました。ご主人は難病で寝たきりで、日々の介護が大変だと言います。「でも、私には観劇の時間は絶対

に必要なの。なぜなら歌舞伎は、一瞬にしてどこか遠く夢の世界に連れて行ってくれるから…。だからこの時間は大切に思います」と、にっこり微笑む。優しいグレイの着物に、この日の演目『藤娘《ふじむすめ》』にちなんで藤の花が刺繍された帯を締めていました。幼少のころから歌舞伎通いを続けているというご婦人は、今は亡き名優たちの、記憶に残る名演技の数々をとても嬉しそうに語ってくださいました。こういう話は新参者の私にとっては宝。このご婦人しかり、歌舞伎は幾つになっても楽しめる趣味なのです。

◇◇◇

近ごろ私は、歌舞伎をもっと若い人にも観ていただきたくて、従姉妹や友人の娘、あるいは外国人を歌舞伎座に連れて行くことがあります。歌舞伎の予備知識など微塵もない若い娘たちを誘惑する口説き文句は、「着物を着て、歌舞伎座に行ってみない?」です。で、大抵は「行きたい、行ってみたい!」となります。常々行きたいと思ってはいたけれど、なかなか機会がなかった…と。娘たち、そして外国人と、着物で行く歌舞伎見物は、私にとってはいちだんと晴れの気分! が、しかし! 彼、彼女たちの口からは予想を超えた質問が飛び出すこともあります。そこで、案内人が恥をかかないための想定問答集や、一気に説明できる歌舞伎の歴史も、おせっかいに付け加えておきました。

◆もくじ◆

2章　さあ、歌舞伎を観に行きましょう！　85

3章　追っかけ旅のすすめ

※掲載している歌舞伎俳優の名前、劇場の情報や商品の価格などは2019年3月時点のものです。
※各演目の内容や演出などは、俳優や台本によって若干変わることもあります。
※歌舞伎成立の時代背景とその芸術性を鑑み、今日ではふさわしくない表現を一部そのまま採用しました。

1章

歌舞伎コンシェルジュ

最初に観るならどんな演目？
チャートで選んでみましょう。
タイプごとにお薦めの演目を紹介します。
「気分で選ぶ」のも◎
笑えて、泣けて、思わずうっとり…。
きっと好みの演目が見つかります！

初めて観るならコレ！

歌舞伎演目診断チャート

最もよく訊かれるのが、「最初に観るならどの演目がいいの？」という質問です。まずは、こんなチャートで選んでみてはいかがでしょう？タイプごとにお薦めの演目やその見所を紹介していきます。

美容院で読みたいのは？
A. ファッション雑誌
B. カルチャー誌
C. 週刊誌

着物に興味は？
A. ある・着たい
B. あまりない

どちらかといえば？
A. ネコ派
B. イヌ派

休日にテレビで観るなら？
A. ドラマの再放送
B. ワイドショー

恋愛中の自分は？
A. 面倒なまでに一途
B. 常に惚れっぽい
C. 悲しくもドライ

好きになるタイプは？
A. 手のかかる人
B. ついていきたい人

スマホでつい読んでしまうのは？
A. まとめサイト
B. マンガ

Type 2
イケメン
思わずメロメロになるかも。
江戸のイケメンたちに
会いに行こう。
➡ 22 ページへ

Type 9
ダメンズ
一度ハマったらもう最後。
今も昔も変わらない
ダメンズの魅力を味わおう。
➡ 62 ページへ

Type 10
ゴシップ
心中事件に殺人事件。
ワイドショーもびっくりな悲恋や
ゴシップの結末とは…。
➡ 66 ページへ

Type1
ファッション
オシャレなあなたには、
素敵な衣裳が見所の
演目をご紹介。

➡ 16 ページへ

海外旅行で
行きたいプランは？

A. フランスでファッションショー
B. イギリスで音楽フェスティバル
C. スペインで建築めぐり

よく使うSNSは？

A. インスタグラム
B. ツイッター

Type5
音楽
音楽好きにはコレ！
唄に和楽器の生演奏。
歌舞伎は音楽も奥深い！

➡ 42 ページへ

よく行くのは？

A. 美術館
B. 博物館

友人と
集まる頻度は？

A. 頻繁・ぼちぼち
B. たまに・
一人が好き

Type7
アート
舞台にもたくさんの秘密が。
芝居の世界観をつくり出す
背景画に注目。

➡ 52 ページへ

集中して
やりたいのは？

A. ゲームを
クリアするまで
B. 連ドラを最終回
まで一気に

良さそうな
カフェを発見！

A. 直感を信じて入る
B. 口コミを
チェックしてから

Type6
刀剣
名刀に妖刀。
刀がカギになる演目、
実はこんなにあります！

➡ 48 ページへ

ゾンビ映画は
大丈夫？

A. 好き・平気
B. 苦手・観たくない

今読みたい
マンガは？

A. 恋愛物
B. ギャグやアクション
C. 推理や歴史物

Type8
ホラー
その辺の映画より
よっぽど怖い！
ゾクゾクしながら楽しもう。

➡ 56 ページへ

Type4
歴史
歴史上の人物が登場。
史実を飛躍する歌舞伎
ならではの脚色も比較してみて！

➡ 32 ページへ

Type3
マンガ
マンガのような荒事の
ストーリーから、人気マンガの
歌舞伎化も目白押し！

➡ 25 ページへ

Type 1

ファッション好きの
アナタにお薦め

『助六由縁江戸桜《すけろくゆかりのえどざくら》』

ランウェイならぬ、花道で繰り広げられる
お江戸のファッションショー！

助六♥揚巻　江戸一の
ファッショナブルな恋人が登場！

ご存じ、歌舞伎の衣裳は色彩豊かで優れた意匠、豪華絢爛な装飾も素晴らしい。ファッション好きは、次から次へと花道に登場する歌舞伎役者たちの斬新な衣裳に釘付けになること間違いなし。そこには、まるでファッションショーのランウェイにも似た華やぎがある。

なかでも、ベストドレッサー賞をあげたくなるような、江戸一のお洒落カップルは『助六』に登場する花川戸助六《はなかわどのすけろく》と、三浦屋の傾城《けいせい》・揚巻《あげまき》だろう。

そして、なんといっても助六のキャラが魅力的。助六の扮装は、五所紋《いつところもん》付の黒羽二重《くろはぶたえ》の小袖に、綾瀬の帯と鮫鞘の刀と一つ印籠。尺八を後ろにさして、手には蛇の目傘。そして、トレードマークは紫縮緬《ちりめん》の鉢巻。顔の右に結び目のある助六の鉢巻は、みなぎるパワーの証。まさに放蕩無頼の「傾《かぶ》き者《もの》」の粋を鉢巻で表現している。カラッとした気っ風のいい江戸前なイイ男。冗談好きで、おまけに頭の回転もいいから悪態をつくのもうまい。

一方、揚巻は今が全盛の傾城。数ある歌舞伎の傾城役の中でも女形の器量が問

主人公と敵役の対照的な衣裳でわかる江戸好み♥

江戸っ子に言わせると豪華な衣裳は野暮！

助六の恋敵である髭《ひげ》の意休《いきゅう》の衣裳には、龍と雲を金糸も用いて刺繍した贅沢で大胆な装飾が施されている。一見、お洒落に見えるが、江戸っ子にとってこれ見よがしの豪華絢爛は野暮の極み！

われる代表的な役で、役者も最高峰の女形が演じる。凛とした気っ風のよさとキリリとしたかっこよさが揚巻の魅力だ。

衣裳は五節句を取り込んだ大変豪華なもの。花道から出てくるときは、お正月を表した大きな海老とゆずり葉の飾りを背負った裲襠《うちかけ》。その下にももう一枚羽織っている裲襠は、花見幔幕《まんまく》と火焔太鼓《かえんだいこ》に桜を散らして弥生の節句を表す。俎板《まないた》帯《おび》には五月の端午の節句の鯉の滝登りで立体感のある刺繍が施されている。また鬘《かつら》は、前後左右に挿し櫛を12本と、中央に鼈甲《べっこう》の三ッ揃えの櫛を挿した大きな伊《だ》達《て》兵庫《ひょうご》。これら衣裳や鬘、高下駄を合わせると40kg近くにもなるという。この扮装での吉原仲之町を行き交う傾城たちの道中は圧巻である。

道中で酒に酔った揚巻が、酔い醒まし

揚巻の衣裳は季節感たっぷり

ときには恋人のように、ときには母のように、間夫《まぶ》（恋人）である助六を守ろうとする揚巻。七夕の笹と短冊が風にたなびく様子を醸し出す、俎板帯のデザインに注目。また、助六を送り出すときに着用する「送り出しの裲襠」の背には、役者と縁のある日本画家による墨絵が描かれていることが多い。

紙衣を着せた母の愛

親の敵討ちと、お家再興のために、夜ごと吉原に繰り出しては喧嘩を装って刀を抜かせ、源氏の宝刀「友切丸」を探す助六。そこに無事を祈る母親が激しい喧嘩をせぬようにと紙衣を渡す。なんと黒紋付の着物から紙衣への着替えは舞台上で行われる。

の「袖の梅」という薬を飲む場面があるが、このときに、湯呑みの蓋《ふた》を閉める音が、位の高い花魁にふさわしい上等な音がしなくてはならないと、役者は自前の湯呑みを用意することもあるそうだ。

あらすじ◎男気、女の意地、権力を役柄に象徴させながら、江戸の遊郭・吉原の風俗を描いた作品。傾城・揚巻の恋人・助六は、実は庶民に変装した曾《そ》我五郎時致《がのごろうときむね》。盗まれた源氏の宝刀「友切丸」を探すため、毎日吉原に通い、客に喧嘩を仕掛けては相手の抜いた刀が友切丸であるかどうか確かめていた。が、金と権力を振りかざす揚巻の常連客・意休は、助六の挑発をかわし、なかなか刀を抜かない。恋人の揚巻に言い寄る意休に、江戸っ子流の悪口を並べ立てる悪態が見所。意休の刀こそが友切丸と知った助六は、揚巻の助けで意休を討ち、刀を奪い返す。

『助六由縁江戸桜』は市川團十郎家が得意とする家の芸・歌舞伎十八番のひとつ。出端の音楽は三浦屋の御簾の中でご贔屓の旦那衆が河東節を演奏する。松本幸四郎家が助六を演じるときは『助六曲輪江戸桜』で長唄、尾上菊五郎家だと『助六曲輪菊』で清元節と、題名と音楽が変わる。

助六は江戸っ子の粋の象徴

江戸紫の鉢巻結び目は右！

助六の紫の鉢巻は結び目が右にあるが、これは傾き者のパワーと粋の証。通常、紫色の鉢巻をして左側に結び目があれば「病鉢巻」といって病気であることを表す。

ゆったりと、花道でポージング

深い紺色の蛇の目傘をさして、黄色い足袋に下駄を履いて、カツカツカツと威勢のいい音を立てて花道に登場！　花道では錦絵のようなポーズで、さまざまな美しい姿をじっくりと見せてくれる。

実は、助六は上方の人？

江戸一番のイイ男といわれる助六だが、実は関西出身。そもそも京都で起こった万屋助六と遊女揚巻の情死事件をモデルにした助六心中の舞台が上方で大ヒット。それを初代市川團十郎が、江戸荒事のヒーローとしてつくりあげ、二代目が上方和事の要素をプラス。ゆえに江戸っ子の中にもどこか上方のやわらかさがある、魅力的な助六ができあがった。

黒紋付をカジュアルに着こなす上級テク

シンプルな黒紋付に鉢巻の紫、襟・袖・裾に見える襦袢の緋色が美しく調和。黒紋付姿は、当時の粋な町人の代表だった札差《ふださし》（江戸時代に幕府から御家人に支給される米の仲買業）の姿によるもの。また、黒は遊客に好まれた色だった。役者の紋があしらわれる。

遊郭最上位の傾城・揚巻のスタイル

揚巻だけに許された揚巻結び！

教養や品格が求められた最高位の遊女を傾城という。なかでも揚巻は特別な存在。歌舞伎の中でもいちばんの難役で、最高峰の立女形が勤める役だ。伊達兵庫という傾城特有の豪華な髪型で、鬢《びん》の後ろには金糸でつくられた房付の飾りがある。これは「揚巻結び」と呼ばれる揚巻だけに許された飾り。

立体的で綺麗カワイイ揚巻の打掛

正月の裲襠の後ろ姿。襟首にはゆずり葉を添えた伊勢海老や橙《だいだい》や御幣《ごへい》が飾られ、肩山から袖山には裏白と注連縄《しめなわ》を配して、まるでお正月飾りのよう。上前・下前には門松の刺繍、裾には立体的なアップリケのように羽子板や手鞠の刺繍が台付けされている。

四季の移ろいを取り入れた知的なお洒落

可愛らしい禿《かむろ》二人をはじめ、大勢のお供を引き連れ、揚巻が花道から花魁道中で登場するシーン（P.16）。正月飾りの裲襠の下には、桃の節句を表す幔幕と火焔太鼓の裲襠を重ね着している。俎板帯は端午の節句で、金糸銀糸を滝に見立てて、鯉の滝登りのよう。揚巻の動きによって鯉が見え隠れする仕掛けがニクい。二度目に登場するときは重陽の節句で菊の裲襠、五節句の意匠にちなむ。下駄は三枚歯で高さは24㎝もある。

Type **2**

イケメン好きのアナタにお薦め

『青砥稿花紅彩画《あおとぞうしはなのにしきえ》』（白浪五人男《しらなみごにんおとこ》）

まるで錦絵のようなアウトロー五人組の美少年が勢揃い＆大スペクタクル！

河竹黙阿弥の白浪物は、七五調の台詞もイケてる

アウトローの美少年「白浪五人男」が柄染めの小袖に〝志《し》らなみ〟と書かれた番傘をさして、花道に勢揃いする様子は、錦絵から抜け出したような迫力と美しさがある。名のりをあげるツラネ（雄弁術をきかせる芸）も聴き所だ。これを観るたびに思う。江戸時代の芝居小屋は、今

のアイドルグループのコンサートのように、若い娘たちの黄色い声援で溢れていたんじゃないだろうかと…。

　幕末から明治にかけて活躍した狂言作者・河竹《かわたけ》黙《もく》阿《あ》弥《み》の作品は、演目の多くの主人公は市井の人で、しかも社会の底辺で喘ぎながら、毎日を綱渡りのように暮らしている者がリアルに描かれている。が、俗に「黙阿弥調」と呼ばれる華美な台詞が特徴で、江戸の庶民生活を七五調の台詞や清元などの音楽を効果的に織り込んで、陰鬱にならず、叙事詩に仕上げている。特に盗賊が主人公として登場する「白浪物《しらなみもの》」とよばれる作品を得意としていたが、登場する悪人は、小心者だったり、因果に翻弄される弱者。強盗傷害犯の悪逆さは観客に微塵《みじん》も感じさせないのが黙阿弥の真骨頂。その代表作が『白

七五調の台詞を堪能するならこの場面

知らざあ言って聞かせやしょう

——弁天小僧菊之助

「浜松屋の場」の名場面

侍に腕の刺青を見られて女装を見破られ、男の正体を丸出しにして威勢よく啖呵《たんか》を切る弁天小僧菊之助。ここからの名台詞が聴き所。台詞まわしだけでなく、手拭や煙管《きせる》など、小道具の扱い方まで細かい型がある。

浪五人男』である。

通しでは長い話だが、割愛されずに必ず上演されるのは「浜松屋の場」。呉服屋で弁天小僧菊之助《べんてんこぞうきくのすけ》が女装詐欺をして失敗する場面だ。美しい娘の姿で盗みを働く弁天小僧だが、バレたとたんに肌を脱ぎ、燃えるような赤襦袢《じゅばん》に桜の入れ墨を見せて、「知らざあ言って聞かせやしょう」に始まる七五調の台詞。女形から一瞬にして立役に変わるのが面白い。

大詰《おおづめ》も見所。大屋根で捕手との立廻りの末、弁天小僧が立ったまま腹を切り、そのまま「がんどう返し」という舞台装置で屋根が後方に大きく倒れて隠れるのと同時に、奈落《ならく》から極彩色の山門が大ゼリにのって姿を現す。そのスペクタクルな舞台転換装置は、なんと江戸中期の大道具方が工夫を重ねて考案したという。

屋根が回転する ダイナミックな場面転換

①

②

③

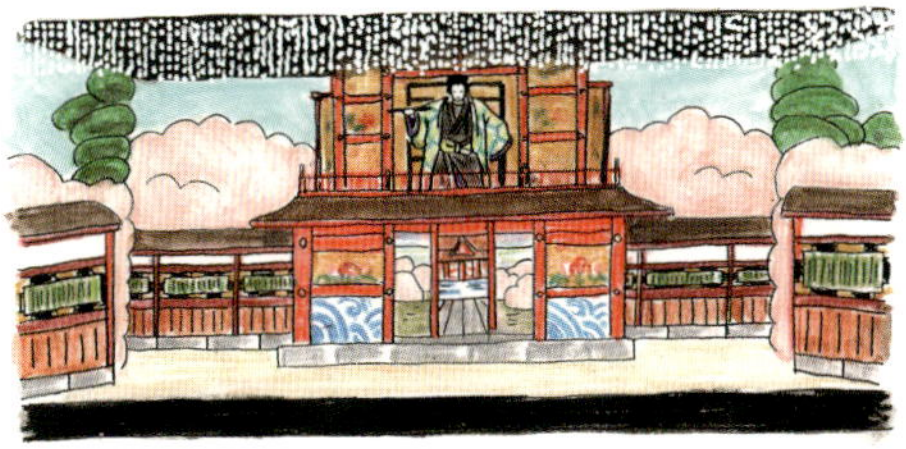

④

これが「がんどう返し」だ！

セリや廻り舞台などの劇場機構が飛躍的に進化し、大掛かりな仕掛けが次々と開発されたのは18世紀中頃。「がんどう返し」は、大きなセットを90度後ろに倒し、それまで下になっていた部分にあった絵が次の場面の背景になる仕掛け。大詰「極楽寺屋根立腹の場」を図解すると、①屋根に追いつめられた弁天小僧。②屋根が後ろにひっくり返り、背景が現れる。③背景に加え、上に桜の吊り枝が出てくる。④さらに、日本駄右衛門をのせた山門がせり上がり、下の「かすみ幕」がはずされる。

あらすじ◎幼いころに親とはぐれた美少年・弁天小僧菊之助は悪事に手を染め、日本《にっぽん》駄右衛門《だえもん》ら盗賊（南郷力丸《なんごうりきまる》、赤星十三郎《あかぼしじゅうざぶろう》、忠信利平《ただのぶりへい》）とともに白浪五人男を名乗っている。あるとき、呉服屋で弁天小僧の女装詐欺が失敗してしまう。ここで開き直り「知らざあ言って聞かせやしょう」に始まる七五調の台詞は最大の見所。呉服屋の千両箱を奪うためひと芝居を打つが、主人は十七年前にはぐれた実の父親で、駄右衛門の息子と取り違えたことを知り、思わぬ二組の親子の再会となる。詮議が厳しくなる中、何も盗らず、覚悟の上で、白浪五人男が稲瀬川の土手に勢揃いする。やがて、大勢の捕手を振り払う弁天小僧だったが、無念のうち立ったまま切腹。極楽寺山門では駄右衛門が覚悟を決めるが、情け深い武将がその場を見逃し、後日の再会を約束する。

歌舞伎に登場するイケメン図鑑

歌舞伎の中のイイ男！　登場の仕方や、手拭の使い方など、
萌キュンポイントで選んだイケメンの名場面を紹介しましょう。

『恋飛脚大和往来《こいびきゃくやまとおうらい》　封印切《ふういんきり》』の忠兵衛《ちゅうべえ》

恋と義理のはざまに落ちた、天下の色男

飛脚屋亀屋の養子・忠兵衛は、遊女・梅川《うめがわ》と愛し合っていたが、金に詰まり、梅川の身請けの手付金五十両を人から借りて払うも、残りの金を払えずにいた。遊び仲間で恋敵の八右衛門《はちえもん》と梅川の身請けを巡って意地の張り合いとなった忠兵衛は、とうとう挑発に負けて切ってはならない小判の封印を切ってしまう。茶屋では皆に愛される存在。が、自分を愛するがゆえに罪を犯してしまった二枚目に母性本能がくすぐられる。　※あらすじは P.162

『与話情浮名横櫛《よわなさけうきなのよこぐし》』（切《き》られ与三《よさ》）の与三郎《よさぶろう》

しがねえ恋の情けが仇…
傷だらけの“切られ与三郎”

大店の跡取りで放蕩に身を持ち崩した与三郎は、ヤクザの親分の妾お富と恋に落ちて忍び逢うところ、親分にバレて全身34カ所を斬り刻まれてしまう。お富は入水、助けられた舟に居合わせた男に囲われていた。そこに、ゆすりたかりを商売にするようになった“切られ与三郎”が顔の刀疵《かたなきず》を豆絞の手拭で隠して現れる。手拭を取り、袖を捲り、総身に受けた傷を見せて悪態をつくも、目元口元に生来の育ちのよい面影が…。愛の代償である傷跡に色気すら感じる。　※あらすじは P.167

『廓文章《くるわぶんしょう》』（吉田屋）の伊左衛門《いざえもん》

恋文でつくった紙衣を着た、軟弱でかわいい色男

吉田屋の傾城・夕霧に惚れ抜いて、親から勘当された藤屋の若旦那・伊左衛門が、夕霧にひと目逢いたくて吉田屋を訪ねる場面。身分の高い人が落ちぶれた様子を表すとき、和紙を貼り合わせた紙衣という着物を用いるが、伊左衛門の紙衣は恋文を集めてつくったもの。花道からの登場では黒子が照明を差し出す「面明《つらあか》り」が使われる。なにしろお坊ちゃん気質全開で、夕霧に会いたくて仕方ないのにすねたり、仕草や表情もかわいげがあって可笑しい。　※あらすじは P.161

『仮名手本忠臣蔵《かなでほんちゅうしんぐら》　道行旅路《みちゆきたびじ》の花聟《はなむこ》』の勘平《かんぺい》

大事なときに恋に耽っていた美男子

赤穂浪士《あこうろうし》の討入をもとに書かれた『仮名手本忠臣蔵』。発端となる刃傷事件が起こったとき、判官のお供の早野勘平はなんと仕事をサボって恋人のお軽と逢っていた。責任を感じた勘平は切腹しようとするが、お軽に止められ、彼女の実家に身を寄せることに…。この、四段目と五段目の間の通称「落人《おちうど》」は清元の舞踊で、富士を背景に黒紋付姿の勘平とお軽の美男美女のカップルが旅する場面。悲劇的な運命を辿る勘平だけに、このシーンが美しく儚い。　※あらすじは P.160

『再茲歌舞伎花轢《またここにかぶきのはなだし》』（お祭り）の鳶頭《とびがしら》

粋でいなせな鳶頭

粋でいなせな姿が格好良く、江戸で最も女性にモテたのが鳶頭である。山王祭を舞台に、華やかな江戸の祭り風俗を見せながら、恋仲の芸者と躍る姿がさわやか！　この舞踊では、大向うが「待ってました！」と声をかけるのがお約束。それに応えて、ほろ酔いの鳶頭が「待っていたとはありがてぇ」と、切れ味のよい台詞を聞かせる。姿よく、いなせな台詞まわしができる立役にふさわしい役。
※あらすじは P.166

『源氏物語』の光の君

光の君は、無垢なプレイボーイ!?

谷崎潤一郎の監修と、舟橋聖一の脚色で『源氏物語』が歌舞伎座に初登場したのは、1951（昭和26）年のこと。光の君に扮した九世市川海老蔵のまばゆいばかりの貴公子ぶりで「海老さま」人気は大ブレイクした。ときは流れ、平成の『源氏物語』は瀬戸内寂聴の口語訳本で当代市川海老蔵が演じる新時代ヴァージョン。無垢なあどけなさが、無責任な冷酷さと紙一重のプレイボーイっぷりが魅力。　※あらすじは P.161

Type **3**

マンガ好きのアナタにお薦め

『毛抜《けぬき》』スーパー歌舞伎Ⅱ《セカンド》『ワンピース』

マンガみたいな荒事?! マンガが歌舞伎に?!

毛抜

バンッ
様式美にとんだ荒事のひとコマひとコマがマンガチックに見える。
荒事のヒーローらしからぬロマンス(?)も…。
馬術の稽古をしてやろう
おやめくださいませ
秀太郎
美少年ゆえに弾正に口説かれ…
ピン！
まさか…!!
退屈しのぎに取り出した毛抜がゆらゆら…これはまさか——事件解決なるか!?
ユラユラ

『毛抜』あらすじ◎小野春道《おののはるみち》の息女・錦《にしき》の前《まえ》は、髪の毛が逆立つ奇病にかかり、文屋豊秀への嫁入りが先延ばしになっている。そこに嫁入りの催促に現れたのは豊秀の家来・粂寺弾正《くめでらだんじょう》。病気の原因を探りながらも、弾正は腰元や若衆の秀太郎にちょっかいを出し、相次いでふられる。ところが、暇つぶしに取り出した毛抜が勝手に踊り出したことでピン！　とくる。実は奇病のからくりは、お家乗っ取りをもくろむ者が天井裏に磁石を忍ばせたため、錦の前の鉄製の櫛が髪を持ち上げていたのだった。

スーパー歌舞伎Ⅱ ワンピース

客席頭上でサーフィンをする“ファーファータイム”

宙乗りも披露され、観客はなんとタンバリンを手にスタンディングで参加できる。

随所に歌舞伎の演出が！

ゴムでできているルフィの手が伸びるシーン。黒衣たちが連なり歌舞伎らしい手法で実現してみせた。

歌舞伎は時代の流行を呑み込むモンスター！

江戸時代に磁石の化学作用をいち早く芝居に取り入れた『毛抜』しかり、歌舞伎は流行をどんどん呑み込んでゆくモンスターだ。たとえば、尾田栄一郎《おだえいいちろう》の少年マンガ『ONE PIECE』。海賊となった少年ルフィが〝ひとつなぎの大秘宝《ワンピース》〟を巡る海洋冒険ロマン。1997(平成9)年に『週刊少年ジャンプ』で連載が始まり、2015(平成27)年には「一人の作家が描いたコミック累計発行部数」約3億6000万部でギネスブックに認定され、漫画原作のアニメの興行収入も東映映画史上最高記録を達成した。これを歌舞伎が見逃すわけがない。

2015年、スーパー歌舞伎Ⅱ《セカンド》『ワン

エンタテインメントの真骨頂！

ルフィが訪れるニューカマーランドも見事に再現！　観客を喜ばせるプロ集団の実力を見せつけた。　※あらすじは P.167

ピース』に挑んだのが四代目市川猿之助《いちかわえんのすけ》だった。かつて歌舞伎界に旋風を巻き起こした三代目（現・猿翁《えんおう》）のスピリットを継承しつつ、歌舞伎が培ってきたあらゆる手法、演出を取り入れたパロディで、宙乗りもあり、ルフィの手が伸びる場面なども歌舞伎のテクニックで見事に再現したのである。歌舞伎は〝面白ければなんでもあり〟で取り入れたものを、観客の反応を見ながら上演を繰り返し、次世代にも引き継いで、新作をやがて古典にしていった。歌舞伎のモンスターぶりをリアルタイムで見せてくれ、初心者も口うるさい通をも頷かせた。『NARUTO－ナルト－』そして『風雲児たち』『風の谷のナウシカ』と、続々マンガが歌舞伎になろうとしている。これは見逃せない！

Type **4**

歴史好きの
アナタにお薦め

歴史的な三大名作

『仮名手本忠臣蔵《かなでほんちゅうしんぐら》』
『菅原伝授手習鑑《すがわらでんじゅてならいかがみ》』
『義経千本桜《よしつねせんぼんざくら》』

仮名手本忠臣蔵

四段目

塩冶判官の切腹

赤穂浪士仇討ちの発端となる刃傷事件が発生した時、塩冶判官は切腹となる。そのとき、判官のお供だった勘平は、仕事をサボって恋人のお軽と逢っていた。この幕が始まったら客席に出入りできなくなるという緊迫の場面。

道行旅路の花聟

悲劇の前の美しい道行

主人の一大事に駆けつけられなかったことに責任を感じ、勘平は腹を切って詫びようとするが、お軽は必死に止め、お軽の実家へと落ち延びる。

赤穂浪士の芝居の決定版『仮名手本忠臣蔵』

『仮名手本忠臣蔵』は1748（寛延元）年に初演して以来、今も歌舞伎戯曲の中で最も上演回数の多い人気作品だ。通しで全十一段の長い長〜い話となるが、ここでは見取《みどり》狂言で上演頻度の高い、五段目、六段目、七段目を推薦したい。

五段目の「山崎街道」の主役は、悲劇の色男・勘平だが、ここではチョロっと出て来て、すぐに殺されてしまう斧定九郎《おのさだくろう》に注目してみたい。白塗りの顔に、黒羽二重の着流しで白献上の帯。朱鞘の大小をさして、腕をまくり尻からげに白塗りの手脚がスラリと伸びる。定九郎は、大金を持って夜道を急ぐお軽の父親・与市《よいち》兵衛《べえ》を殺してしまう。小雨を表す三味線

五段目

斧定九郎の悪の色気

猟師となった勘平は、猪と定九郎を間違えて撃ってしまう。ここは定九郎と猪が大活躍する場面。

の音が鳴り響く中、強盗のあとの台詞は、たったひと言「五十両」。そこに、花道から舞台上手の籔畳へ猪が駆け抜けていく。と、定九郎は猪と間違えられ、勘平に鉄砲で撃たれてあっけなく死んでしまうのだ。その死に方がゾクゾクするほどカッコいい。口から真っ赤な血が滴り落ちて、真っ白なヒザを赤く染める。やがて空をつかむように手をプルプルとさせたかと思うと、ひっくり返って絶命。

そもそも、定九郎役は、野暮ったいどてらを着た山賊姿だったそう。江戸時代中期の役者、初代中村仲蔵《なかぞう》が座頭と喧嘩して、それまで端役だった定九郎役しかもらえなかったことから、苦心して魅力的な役にしたのだという。仲蔵の苦心は、落語で「中村仲蔵」としても語り伝えられている。

六段目

どこまでも色男

仲間が訪ねてきたとき、瞬時に刃に姿を映し、身なりを整える勘平。

夫のために身売り

勘平の軍資金を調達するために身売りするお軽との別れの場面。

名台詞「色に耽ったばっかりに…」

勘平が腹を切ってから、殺したのは舅ではなく、舅の敵だったことが判明。仲間から討入りの参加を許され、連判状に血判を押すと無惨な死を遂げる。

六段目は、勘平の悲劇。お軽の実家で猟師をして暮らす日々、討入り計画を知った勘平はなんとか軍資金を手に入れたいと思っていると、それを察したお軽はなんと身売りして遊女になる覚悟をする。しかし、身売りの金を受け取った父親は夜道を帰る途中、盗賊・定九郎に殺される。その定九郎は猪と間違えて勘平が射殺する。出来心で五十両が入った定九郎の財布を抜き取ってしまうが、帰宅して舅が殺された事を知り、自分が殺したと勘違いして申し訳なさから腹を切る。「色に耽《ふけ》ったばっかりに…」とはこのときの名台詞。死の直前に疑いが晴れ、仲間から討入りの参加を許されるが、無惨な死を遂げる。

舞台はガラリと変わって艶やかな七段目「祇園一力茶屋」。お軽の衣裳もグッと華やかだ！ 国家老の大星由良之助《おおぼしゆらのすけ》は敵

七段目

3人が同時に密書を見る「釣灯籠」というシーン

華やかな一力茶屋の場面。由良之助が読む密書を、お軽が延べ鏡に映して、覗き見する。床下で密書を盗み見るのは、由良之助の敵・高師直に寝返った斧九太夫。

勘平の無念も晴らされる

由良之助が、平右衛門とお軽を丸くおさめるラストシーン！　※あらすじは P.160

お軽の一途さにホロリ

勘平が死んだことをなかなか告げられない兄・平右衛門と、勘平の無事を聞きたくて仕方がないお軽。六段目の勘平の無惨な死を重ねると、なお一層お軽がいじらしくて泣ける。

の目をあざむくために遊び狂うフリをして過ごす日々。一人で密書を読んでいるとお軽が覗き見してしまい、それに気付いた由良之助はお軽を身請けすると言う。3日過ぎたら自由にしてよいと言われて、じゃあ勘平に逢えるとウキウキするお軽がいじらしい。早速手紙を書こうとすると、偶然、兄の平右衛門《へいえもん》に出会う。この兄妹のやりとりが気の合う役者同士だとほっこりする場面。しかし身請けの真意は口封じで殺すため。どうせなら自分の手で殺し、仇討ちに参加するための手柄にさせてくれと頼む兄。勘平が死んだと聞き絶望したお軽は素直に殺される覚悟をするが、二人の心を知った由良之助は兄の討ち入りを認め、お軽にも床下の裏切り者を討たせて、亡き勘平の代わりに功を立てさせ、めでたしめでたし。

菅原伝授手習鑑

道明寺

太宰府へ発つ菅丞相

娘・苅屋姫に心で別れを告げる。人格も学問にも優れた菅丞相役を演じる役者は、神の遣いである牛を口にせず身を潔めて挑むほどのストイックな役柄。

最初はとても和む場面

上／緊張感のある芝居の中で、机に並んで座る子役たちの姿は和む瞬間。
左／源蔵は、松王丸の妻・千代が連れてきた賢そうな子を見て「良い子じゃな〜」とホッとした様子…。

車引

見所の荒事の演出

左から桜丸、松王丸、梅王丸。唯一、敵方に仕える松王丸が、梅王丸と桜丸を鎮める。松王丸の隈取は器の大きな人物に使われる「二本隈」、梅王丸は力強さを強調する「筋隈」、桜丸はやわらかい「むきみ」。

菅原道真公と家来たちのそれぞれの別れを描く『菅原伝授手習鑑』

　平安時代に藤原氏の陰謀で菅原道真《すがわらのみちざね》公が失脚した事件に、人形浄瑠璃の初演当時（1746（延享3）年）に大坂で三つ子が生まれたというニュースを取り込んだ、親子の別れを描いた作品。三つ子の兄弟、梅王丸・桜丸・松王丸が敵味方に別れて争う「車引」。政敵・藤原時平《ふじわらのしへい》の陰謀で菅丞相《かんしょうじょう》（菅原道真）が流罪となるきっかけをつくった桜丸が切腹する「賀の祝」。最も上演回数の多いのが「寺子屋」だ。

　菅丞相の娘・苅屋姫《かりやひめ》が親王と逢い引きしたことが発覚し、藤原時平の企みもあって、娘を使って皇位を狙ったとして菅丞相は太宰府に流罪になった（「道明寺」）。

　菅丞相の元部下で、筆法を伝授された

「寺子屋」のクライマックス

首実検は最大の見所。髪が伸び放題の状態を表す五十日鬘に病鉢巻の松王丸。衣裳の柄・雪持ちの松は、我が子を犠牲にする親の苦悩を示している。

涙なしには観られない

覚悟の上で、白装束で寺子屋を訪れていた松王丸夫婦。身代わりとなった小太郎を弔って幕となる。
※あらすじは P.163

武部《たけべ》源蔵《げんぞう》は、京都の芹生《せりょう》の里で寺子屋を開き、妻の戸浪《となみ》とともに菅丞相の息子・菅秀才《かんしゅうさい》をかくまっていた。が、時平に気付かれ、秀才の首を差し出すよう命じられる。誰か教え子の首を代わりに…と思うものの田舎育ちの子供ばかり。そこに新しく預けられた子供は色も白くて利口そうな顔をしている。源蔵は悲痛な思いでその子を身代わりにと殺害した。

そこに首実検にやってきたのは松王丸。首を見た松王丸はあっさり若君だと判断。実は身代わりになったのは自分の息子。松王丸が秀才を救うために我が子を犠牲にしたのだ。松王丸と妻の千代の切り裂かれるような悲しみに心が震える。今では考えられない子殺しなのに、主君のためにと納得させられて、涙して観てしまうところが歌舞伎の魔力だ。

義経千本桜

大物浦

碇知盛、壮絶な入水！

「碇知盛」と呼ばれる、巨大な碇を持ち上げて入水するシーン。頼朝方に自分が生きている事を隠すために、白装束を着て幽霊に見せかけて義経を討とうとした。

歴史ロマン溢れる悲劇のヒーローたちが登場する『義経千本桜』

もしも、平家の武将や安徳天皇が生き延びていたら…という歴史好きにはたまらないロマン溢れる推理で、源義経を巡る人々の悲劇を描いた物語。題名こそ『義経千本桜』とあるが、主人公は義経ではない。「大物浦《だいもつうら》」の平知盛《とももり》、「すし屋」のいがみの権太《ごんた》、「四の切」狐忠信《きつねただのぶ》の3人を主人公に物語は進む。

まずは二段目「大物浦」。源平合戦で討ち死にしたはずの平知盛が、死装束の鎧で幽霊にやつして義経一行を奇襲するが、義経に計略を見抜かれ失敗に終わる。入水しようとした典侍局《すけのつぼね》と安徳天皇を義経の家来が止め、義経は負傷して瀕死の知盛に、安徳天皇を守ると約束。さらに帝

小金吾討死

立廻りも見どころ

捕り網を使った立廻りの型。これは戦前・戦後に活躍した立師の名人"立廻りの神様"と呼ばれた坂東八重之助が考案したという。

木の実

心根は優しい権太

いがみの権太は小金吾から金を騙しとるようなゴロツキのくせに、妻と子供には情があり、息子がかわいくて仕方ない。

の「義経に感謝しているので仇に思うな」という言葉に知盛は死を覚悟。巨大な碇を持ち上げて、縄を身体に巻き付け、背中から入水するラストシーンが衝撃だ。

三段目「木の実・小金吾《こきんご》討死・すし屋」、主役はいがみの権太。平維盛《これもり》の家来・小金吾が維盛の妻子のお供で旅の途中、ゴロツキのいがみの権太に金を騙しとられる。小金吾が大勢の追っ手に立ち向かい討ち死にする場面では、放射線状に張った縄に体を乗せるアクロバティックな立廻りもあり、歌舞伎ならではのゆったりとしたテンポの中で、スローモーションのようにクローズアップされるタテが見所だ。

続いて「すし屋」は涙なしには観られない。いがみの権太の実家はすし屋で、維盛はそのすし屋の下男としてかくまわれていた。権太が母親に金の無心に行く

妻・小せんに涙！

素行の悪さで村八分になっている権太だが、なんとか名誉挽回したいと思っている気持ちを理解する妻・小せんは、維盛妻子の身代わりに自分と子供を差し出すようにと頼み込み、権太は妻子を鎌倉方に差し出す。上方の演じ方は権太が座って妻子を差し出すが、江戸型は立って足で蹴って差し出す。

錦絵にもある名場面

お金を入れたつもりが、生首の入った鮓桶をかかえて花道をかけてゆく権太。

「もどり」という演出

怒った父親に刺された権太は、死ぬ前に、両親と妹に真相を話す。悪人として登場していた人物が実は「善人」だったということが分かる演出を「もどり」という。

と、帰ってきた父の話を奥で聞いて、維盛と知り、金を隠し入れた桶を持ち帰るが、入っていたのは父が持ち帰った小金吾の生首。昔世話になった恩義で維盛を守りたいと思う父の気持ちを知った権太は改心し、源氏の手にその生首と自分の妻子を身代わりに差し出すのだった。そうとは知らない父親は怒りのあまり権太を刺殺。哀れにも無駄死にしてしまう。

「吉野山」（四段目「道行初音旅」）は義経の家来・佐藤忠信《さとうただのぶ》に化けた子狐が静《しずか》御《ご》前《ぜん》に付き従い大活躍。道中で静御前が鼓を打てば必ず狐が現れる様子を美しい所作事で見せる。

「四の切」（「川連法眼館《かわつらほうげんやかた》」四段目の切＝一番重要な場面のこと）では、ついに本物の忠信が現れる。狐忠信は、実は静御前が持つ鼓の革は自分の親で、会いたい一心

吉野山

ときどき獣の仕草が出ちゃう…

「吉野山」で静御前を守る狐忠信。つい手つきなどが狐っぽい仕草になるのが可笑しい。

四の切

ケレン味のある演出が見所

上／「四の切」の幕切の宙乗り。
右／音羽屋系の幕切。上手の木に狐忠信がスルスルと登る仕掛けがある。
※あらすじは P.167

で忠信に化けて付いてきたと明かす。親を殺されて一匹で生きてきたと聞き、義経は我が事と重ねて不憫に思い、鼓を狐にやる。すると子狐は大喜びで、義経を討とうと企てた悪党をも狐の神通力でこらしめた。

主役が狐とあり、早替りやトリックなど観る人を驚かせる演出「ケレン」が生きてくる。うっかりすると見逃してしまうほどめくるめく狐が出没するので要注意。さらに、鼓をもらって子狐が喜び勇んで宙乗りで飛び去る幕切れは最大の見せ場。

さて、今では当たり前のように行われる宙乗りだが、江戸時代以来、復活させたのは三代目猿之助である。1968（昭和43）年に国立劇場の初演で、狐忠信を宙乗りや早替わりなどケレン味たっぷりに演じて大評判となった。

Type 5

音楽好きのアナタにお薦め

ニッポンの音楽と舞踊 めくるめく美の世界

『京鹿子《きょうがのこ》娘《むすめ》道成寺《どうじょうじ》』

女の情念を描いた女形の大曲、歌舞伎舞踊の決定版！

歌舞伎ではさまざまな和の音楽が体感できる。特に言葉や物語が理解できなくても気楽に楽しめるのが歌舞伎舞踊だ。また、重い演目が続いた後などに歌舞伎舞踊を観ると、気分転換になり、とても晴れやかな気持ちになれる。歌舞伎舞踊の中でも、最も人気が高く、決定版ともいうべき演目は、安珍清姫《あんちんきよひめ》の物語である能の『道成寺』を題材にした『娘道成寺』。女形の極めつけの大曲だ。

鐘を焼き尽くして蛇体となった清姫は、化身となって白拍子《しらびょうし》（歌舞を仕事とする遊女）の姿を借り、高島田を結い、艶やかな振袖姿の娘として現れる。庶民に馴染みやすい可愛らしい町娘。鐘への

執着を底流にもちながらも、小唄や組唄、流行歌を綴り合わせてあらゆる曲調にのせながら、恋する娘のさまざまな想いを踊ってゆく。道行、中啓《ちゅうけい》の舞、乱拍子、手踊り、振り出し傘、恋の手習い、鞨《かっ》鼓《こ》、ただ頼め、振り鼓など、めくるめく舞いを披露。そこには女形の舞踊のテクニックがすべて詰まっていると言っても過言ではない。

義太夫や長唄など音曲《おんぎょく》も聞かせ所で、心情が訴えられている部分を〝クドキ〟といい、ゆったりとした振りを付けて見所となっている。たとえば、長唄の「恋の手習いつい見習いて」から始まる部分では、「誰に見しょとて紅鉄漿《べにかね》つきょぞ」のくだりで、手拭を鏡に見立て、紅を溶いて口に塗る振りをして、男に会う前の女心をしっとりと描いて見せる。

美しい衣装としぐさで演じわけられるさまざまな女心

道成寺に急ぐ振袖姿の白拍子・花子

花道のすっぽんから登場！ 恋人との逢瀬を思い出し、朝の別れの時を告げる鐘の音が憎いと恨みを覗かせる白拍子・花子。

女人禁制の鐘供養に入るため、まずは能仕立ての舞を披露

寺では鐘供養は女人禁制だと所化《しょけ》たちに行く手を阻まれるが、禅問答に見事に応え、舞う事を条件に寺に入らせてもらう。まず、赤い振袖姿に烏帽子をつけて中啓（扇）を手に舞い始める。

一瞬にして赤から浅葱色の衣装に！

能仕立ての舞から、ぱっと華やいで歌舞伎の踊りに。衣裳も「引抜」で、赤い振袖から浅葱《あさぎ》色の着物に一瞬にして替わる。恋に乱れる女心と、薄情な男の心をうたった歌詞の手踊り。さらに、廓の名前を読み込んだ「廓づくし」の歌詞で鞠つきのような仕草で踊る。

衣裳も目まぐるしく替わる。「引抜《ひきぬき》」という手法を使って舞台上で一瞬にして衣裳を替える、ハッとする瞬間だ。これは、あらかじめ衣裳を重ねて着込んでおき、直前に後見（演技を補助する役）が衣裳を留めていた仕付け糸を引き抜いて、俳優の動きに合わせて絶妙なタイミングで上に着た衣裳を取り去るというもの。視覚的にも聴覚的にも観客を飽きさせない数々の歌舞伎の手法が満載だ。

あらすじ◎熊野詣の若く美しい僧・安珍に激しい恋をする清姫が、道成寺の釣り鐘に隠れた安珍を想う余り、ついには蛇体となって鐘ごと焼き尽くすという道成寺伝説。能楽として舞台化されたその後に歌舞伎舞踊として上演された。『京鹿子娘道成寺』は伝説の後日の物語で、鐘楼を焼き尽くして蛇体となってこの世から消滅した清姫が、のちに化身となり、白拍子という姿を借りてこの世に現れるという物語。様々に恋する娘の風情をあらゆる曲調にのせて踊ってゆく。

振り出し笠を使った可憐な踊り

一旦舞台から引っ込んだかと思うと、上半身だけ鴇《とき》色の衣裳になり、赤い笠をかぶり、両手に「振り出し笠」を持っての愛らしい踊り。

手拭を使って恋する切ない気持ちをかき口説く

「一緒になろうと約束したのは嘘なのかしら」などと、藤色の衣裳で手拭を持ち、悩んだり嫉妬したり、乙女心の切なさを情緒たっぷりにかき口説く「恋の手習い」。「クドキ」と呼ばれる眼目の場面。

羯鼓を打ちながら軽快なリズムが楽しげ

上半身を卵色の衣裳に替えて、羯鼓《かっこ》を付けて、撥《ばち》で打ちながら軽快に踊る。富士山、吉野山など山の名が読み込まれた詞章に合わせた「山尽くし」。

鈴太鼓を夢中で打つうちに花子が変貌!?

紫の衣裳で可愛らしく神様に一心に祈ったりする手踊りの後、歩きながらスッと引き抜いて白の衣裳に変身！両手に鈴太鼓を持ち、田植え歌に合わせて夢中で打つうちに、花子の表情が妖しく変貌してゆく。

蛇の本性を現し、鐘に巻きつく幕切

鐘をキッと見上げて、制する所化たちを振り払いながら鐘に上がる花子（P.42）。蛇体の本性を現す鱗《うろこ》模様の衣裳になり、シケを出し、恋する男を隠した憎い鐘に巻きついて執念をあらわにし、鐘の上から見下ろし幕となる。

歌舞伎を彩る和の音楽図鑑

聴き慣れない和の音楽でも、歌舞伎では音楽の種類によって
奏者のいる舞台の位置や、見台（譜面を置く台）の形態が違うので見分けがつく。
知っておくと便利！

長唄《ながうた》

明るく華やかな響きで、流れるような節回しが特徴。舞踊の伴奏として舞台上に設置した雛壇の上で演奏する。脚が×印になった桐製の見台が目印。三味線は高い音色で繊細なメロディーを演奏するのに適した細棹を使用。囃子連中の編成は派手で、下手から唄方、上手から「三味線方」が並び、三味線以外にも笛や小鼓、大太鼓も使われる。江戸時代の享保年間から宝暦年間（1716～64年）にかけて歌舞伎舞踊の伴奏音楽として生まれ、発展した長唄。代表曲は『京鹿子娘道成寺』『藤娘』『鷺娘《さぎむすめ》』『春興鏡獅子《しゅんきょうかがみじし》』など。

竹本《たけもと》

人形浄瑠璃（文楽）の語りとして竹本義太夫《たけもとぎだゆう》が創始（1684（貞享元）年）。歌舞伎で人形浄瑠璃の作品を移した「義太夫狂言」が上演されるようになり、歌舞伎でも竹本を演奏するようになった。黒塗り房付の見台が目印。三味線は太棹。基本的に台詞は俳優が語り、竹本は主に情景描写の部分を語る。立役が過去の出来事を周囲に語り聞かせる「物語」や、女形が心情を吐露する「クドキ」と呼ばれる場面は聴かせ所で、俳優が竹本の三味線のリズムと一体となって演技したり、台詞を言うことは「糸に乗る」といわれ、大いに盛り上がる。代表的な演目は『伽羅先代萩《めいぼくせんだいはぎ》』『義経千本桜』『仮名手本忠臣蔵』など。

清元《きよもと》

「浄瑠璃」「語り物」と呼ばれ、情緒溢れる詞章を高音域で技巧的に語るのが特徴。そもそもは浄瑠璃の一派で、豊後節から派生した富本節を独立した初代清元延寿太夫《えんじゅだゆう》が創始した（1814（文化11）年）。舞台上で演奏する「出語り」を担当。また、歌舞伎舞踊の伴奏や、近所の家や隣の部屋から演奏会や稽古の様子が聞こえるという設定の「他所事《よそごと》浄瑠璃」も演奏。「太夫」と「三味線方」で構成し、緑色の裃で、三味線は中棹。黒塗りのシンプルな1本脚の見台が目印。河竹黙阿弥は清元を愛し『十六夜《いざよい》』など多くの清元を作詞している。代表的な演目は『義経千本桜 道行初音旅《みちゆきはつねのたび》』『色彩間苅豆《いろもようちょっとかりまめ》』『保名《やすな》』など。

常磐津《ときわず》

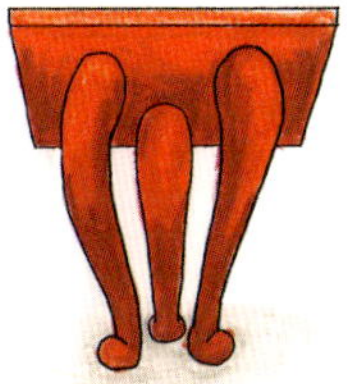

宮古路豊後掾《みやこじぶんごのじょう》が創始した豊後節から派生し、江戸で大変な人気を博したが、心中の道行物が多いことから、風紀を乱すという理由で幕府に禁止されて、豊後掾は江戸を去った。のちに弟子の文字太夫《もじたゆう》が起こしたのが「常磐津節」だ（1747（延享4）年）。歌舞伎舞踊の伴奏として舞台上で演奏される「出語り」を担当。ゆったりとした重厚な曲調に特徴がある。「太夫」と「三味線方」から構成。三味線方は中棹の紅木三味線と象牙の撥《ばち》を用いる。柿色の裃と、通称タコ足といわれる丸みのある脚の見台が目印。代表的な演目は『積恋雪関扉《つもるこいゆきのせきのと》』『忍夜恋曲者《しのびよるこいはくせもの》』など。

Type 6

刀剣好きの
アナタにお薦め

名刀すぎて、人を操り、手水鉢をも真っ二つに斬る?!

『伊勢音頭恋寝刃《いせおんどこいのねたば》』
『梶原平三誉石切《かじわらへいぞうほまれのいしきり》』（石切梶原《いしきりかじわら》）
『籠釣瓶花街酔醒《かごつるべさとのえいざめ》』

妖刀に操られて滅多切り!

主人公の福岡貢が妖刀「青江下坂」に操られ、大勢を斬りつける殺しの場。青江下坂は、徳川の紋である葵の名が許された越前の刀工がつくる「葵下坂《あおいしもさか》」のことで、芝居では一文字いい換えているという説もある。

チャンバラだけじゃない刀の魅力『伊勢音頭恋寝刃』『梶原平三誉石切』

刀剣好きならご存じだろう。戦のない江戸時代の武家社会において、名刀は献上品や贈答品として扱われ、大名たちは競って古来の名刀を集めた。歌舞伎に登場するお宝としても刀剣の出番は多い。

庶民の憧れの観光地・伊勢を舞台に、旅情掻き立てるサスペンスドラマ『伊勢音頭』では、妖刀「青江下坂《あおえしもさか》」が登場。廓で刀をすり替えられたと思い込んだ主人公の福岡貢《みつぎ》は、妖刀を手にして、芸妓たちが伊勢音頭を踊る油屋の奥座敷の庭先で、居合わせた人を次々と斬りつけていく。妖刀に操られているのであり、手にした人に罪はないというような受け入れが、美しく華やかな殺しの場を成立さ

梶原平三誉石切

刃の切れ味を確かめるラストシーン

「二つ胴」の試し斬りは父親を助けるために手加減したが、この刀が名刀であることを証明するために、梶原平三は、父娘の前で手水鉢を真っ二つに斬ってみせる。
※あらすじは P.160

せ、なんと最後は刀も折紙《おりかみ》（鑑定書）も揃ってハッピーエンドとなる。
　一方、『石切梶原』は智勇そなえた平家の武将・梶原平三が、刀の鑑定で父娘を助ける話。二人重ねて一刀で斬れるという「二つ胴」が触れ込みの刀。無銘ながらも源氏ゆかりの名刀と鑑定し、最後は名剣の証に神前の手水鉢を斬ってみせる。目利きというのは、刀剣に限らず、人をも見抜けてしまうようだ。

『伊勢音頭恋寝刃』あらすじ◎阿波の名刀・青江下坂と折紙を、今田万次郎と横領を企む徳島岩次が探している。依頼を受けた福岡貢は、入手した刀を万次郎に渡すため、伊勢の遊郭・油屋に行くが、岩次に加担する仲居・万野から邪険に扱われ、恋人の遊女・お紺にまで愛想尽かしされる。怒った貢は預けていた刀を持って出るが、別の刀を渡されたと思って戻る。万野と貢が口論になったその時、刀の鞘が割れ、万野の肩先が斬られる。血を見た貢は人々を次々と斬りつけ、これこそ本物の妖刀・青江下坂と知り、お紺が手に入れた折紙が戻る。

籠釣瓶花街酔醒

花魁道中で、八ツ橋に一目惚れ！

華やかな花街の風習も描かれている。花魁道中の八ツ橋に見とれる次郎左衛門が、八ツ橋に花道七三あたりで振り返って微笑みかけられて、すっかり心を鷲掴みにされる。「宿に帰るのがいやになった」と立ちすくむ場面は、前半の最大の見せ場だ。

顔のあばたは、父の悪行のたたり？

実は、次郎左衛門の父親は、遊女お清を妻に迎えるが、妻が梅毒になると捨てて、後に惨殺してしまう。父の悪業のたたりで次郎左衛門は疱瘡《ほうそう》になり、あばた面になった。

村正の名刀「籠釣瓶」が登場！
『籠釣瓶花街酔醒』

妖刀に操られて悲劇に終わるのが『籠釣瓶花街酔醒』である。身請けすることになっていた花魁に裏切られた佐野次郎左衛門が「籠釣瓶」という伊勢の名工・村正がつくった名刀を手に入れ、最後は花魁に仕返しをするという話。籠釣瓶は、一度抜くと血を見ずにはいられないという因縁のある妖刀。花魁を斬った後、燭台の灯りに刀をかざして、「籠釣瓶は斬れるなぁ」と呟く場面はなんとも不気味。ちなみに「籠釣瓶」とは刀の切れ味を表す刀剣用語。井戸にある籠でつくられた釣瓶は、水滴さえ留めることができないことから、水も漏らさぬほどの切れ味を示すのに「籠釣瓶」と表現する。ちなみ

愛想尽かし

突然、八ツ橋に「ぬしと聞くたびに、わちきは病がおこります。あちきはつくづく嫌になりんした」と、縁切りを切り出され、廓の座敷で商売仲間もいる前で大恥をかかされる次郎左衛門。

風呂上がりスタイル

次郎左衛門が八ツ橋に一目惚れする場面は、風呂上がりの道中という設定なので、八ツ橋の髪型も、束ねて4色の布をかけた風呂上がりスタイル。

一度抜いたら血を見ずにはいられない

八ツ橋が次郎左衛門に斬られる瞬間。美しい海老反りになった瞬間、髪飾りがハラリと垂れる。すべて計算し尽くされた型になっている。

に、村正の刀は、芝居で妖刀として描かれることが多い。徳川家康の祖父や父、長男・信康が斬られた刀が村正作だったため、江戸幕府は実際にこれを忌み嫌ったと言われている。

『籠釣瓶花街醒覚』あらすじ◎三世河竹新七《しんしち》の代表作で、江戸時代の享保年間に実際に起きた事件「吉原百人斬り」をもとにした講談を歌舞伎に仕立てたもの。あばた面の佐野次郎左衛門は江戸に絹を売りに来たついでに吉原を見物する。そこで花魁道中の八ツ橋に一目惚れして、八ツ橋の元に通い詰め、ついには八ツ橋を身請けすることに。しかし、八ツ橋の養父・釣鐘権八には借金があり、吉原の茶屋の主人・立花屋長兵衛に金の無心を頼むが断られたのを恨み、八ツ橋の情夫である浪人・繁山栄之丞の家へ行き、次郎左衛門の身請けの話を伝え、話を御破算にしようとする。次郎左衛門は大勢がいる前で八ツ橋に愛想尽かしをされ手酷く振られて恥をかかされる。4か月後、八ツ橋と再会した次郎左衛門は「あのことは何とも思っちゃいない」と、皆を安心させた上で人払いをして二人きりになると、妖刀・籠釣瓶を手に八ツ橋を斬る。

Type **7**

アート好きのアナタにお薦め

小村雪岱、コクトーと歌舞伎の舞台美術

『藤娘《ふじむすめ》』『一本刀《いっぽんがたな》土《ど》俵入《ひょういり》』『春興《しゅんきょう》鏡《かがみ》獅子《じし》』

藤娘

ほろ酔い機嫌で踊る様子が見所

そもそもは大津絵に描かれた藤娘が抜け出して踊るという5変化舞踊だったが、1937（昭和12）年に六代目尾上菊五郎が、松の大木から藤の花が垂れ下がる斬新な舞台美術で「藤の精」が抜け出して踊るという趣向で上演。

※あらすじは P.166

歌舞伎特有の、舞台芸術と美意識

歌舞伎を観てまず心奪われるのは圧倒的な舞台の美しさである。

江戸の芝居小屋から劇場へと舞台様式は変わり、１８８７（明治20）年の天覧歌舞伎以降は、歌舞伎を海外のオペラやバレエに負けないような芸術にしようという動きが起こった。実際、明治から昭和初期まで活躍した舞台美術家には、小村雪岱《せったい》はじめ、鏑木清方《かぶらききよかた》、前田青邨《せいそん》、安田靫彦《ゆきひこ》など錚々たる日本画家たちが名を連ねる。大道具を原寸の50分の１に縮尺した横長の絵を道具帳という。これをもとに図面を起こし、大工と絵師によって大道具がつくられるのだが、日本画家たちはこの道具帳の絵を描いたのである。

当時の名優・六代目尾上菊五郎は、す

六代目は松の大きさを工夫

大きな松に絡む、華やかな藤の花が舞台正面にある『藤娘』の舞台装置。松が大きいのは体格のよい六代目菊五郎を少しでも可憐に小さく見せるという狙いがあった。

雪岱の意匠はこんな感じ

小村雪岱が描いた枝ぶりの美しい藤の道具帳をもとにした舞台装置。長唄の地方《じかた》は上手と下手に分かれて演奏する。

古くは長唄が正面に並んだ

長唄の地方が舞台正面に並ぶ『藤娘』の古風な舞台美術。先代の四代目中村雀右衛門丈はこの設えで踊った。

でに泉鏡花本の挿絵で知られ、舞台美術でも高評を得ていた小村雪岱を独占したくて、1928（昭和3）年『幻椀久《まぼろしわんきゅう》』の舞台美術を雪岱に頼んでいる。それを機に、六代目の舞踊『藤娘』『鏡獅子』『汐汲《しおくみ》』など数多く雪岱の意匠が用いられている。芝居では長谷川伸の世話物『一本刀土俵入』の道具帳は雪岱の画としてもあまりに有名だ。

「装置が舞台に隠れてしまうのが最上かと思っています。〝これは素晴しい舞台装置だ〟などと見物衆を唸らせるのは案外容易くて…大事なのは情景になることです」とは雪岱の言葉（星川清司著『小村雪岱』平凡社）。今なお『一本刀土俵入』の舞台美術は雪岱の道具帳をもとにしてつくられているという。安孫子屋の2階の窓は、役者によって間口を左右するこ

雪岱の作品としてもおなじみの場面

小村雪岱が描いた『一本刀土俵入』の安孫子屋の道具帳をもとに、今なお舞台装置はつくられている。

一本刀土俵入

お蔦と茂兵衛の心触れ合う名場面

親方に破門されてくたびれた相撲取りに、お蔦が帯締の先に櫛やありったけの持ち金を結んで、宿の2階から投げてやる名場面。役者の演じ方に合わせて、窓の位置や寸法も変わる。

※あらすじは P.158

ともあるという。あるいは同じ背景でも、芝居の空気感を出すために、役者の演じ方や年齢、衣裳などによって色や大きさが違うことに気付くだろう。第一線で観客の前に立つ役者が少しでも芝居をしやすい状況をつくる。それこそが他の演劇とは決定的に違う、歌舞伎特有の舞台美術の美意識なのだ。

ところで、1936（昭和11）年、六代目菊五郎の『鏡獅子』を観てインスピレーションを受けたフランス人がいる。画家であり、詩人、劇作家、映画監督としても活躍したジャン・コクトーである。美しい御小姓《おこしょう》から雄壮な獅子へと変化する『鏡獅子』から刺激を得たコクトーは、帰国後『美女と野獣』の脚本に着手したという。

春鏡鏡獅子

ここは御殿の大広間

鏡開きの日、大奥の御小姓・弥生がお局と奥女中に無理矢理広間に連れ出され、上様の前で踊るという設定。

まずは品の良い御小姓の踊りから

弥生の手踊りや、女扇（黒塗骨金銀の扇）を手に、風のそよぎや咲く花を表す「見立て」る振り。二枚の舞扇を使い、一枚を飛ばしてもう片方の手で受け取る曲芸的なシーンもある。

獅子頭がまるで生きているかのよう

弥生が獅子頭を手にすると、どこからともなく飛んできた蝶を獅子頭が追って勝手に動き出す。弥生の右半身は獅子頭に引かれ、左半身はその場にとどまろうとする絶妙な身体表現。

激しい毛振りに！

花道から獅子の精が登場。前ジテでは女形の動きだが、後ジテでは勇壮な獅子の姿でなければいけない。「狂い」という激しい動きの後、眼目の豪快な毛振りでクライマックス！

※あらすじは P.163

Type **8**

ホラー好きのアナタにお薦め

『東海道《とうかいどう》四谷《よつや》怪談《かいだん》』
『怪談《かいだん》乳房榎《ちぶさえのき》』
『天竺徳兵衛韓噺《てんじくとくべえいこくばなし》』
『盟三五大切《かみかけてさんごたいせつ》』
『怪談《かいだん》牡丹燈籠《ぼたんどうろう》』

歌舞伎の怪談物のは最上級のホラー！

東海道四谷怪談

「髪梳き」は最大の見所

面相の変わったお岩が鉄漿《おはぐろ》を塗り、櫛で髪を梳く場面。髪を梳くたびに抜け落ちる壮絶な場面は「髪梳き」という最大の見所。演技に合わせて、下座音楽の「独吟」が流れる。お岩の恨みだけでなく、裏切られた悲しみまでを切々と表現する。

怖～い夏歌舞伎！で、涼をとる日本人のしたたかさ

夏を涼しく過ごすために、鳥肌が立つほどの怖～い怪談噺で涼をとる、なんて風習は日本特有の粋な文化である。江戸時代の芝居小屋では、夏の暑い時期は劇場に人が集まりにくく、花形の役者は休みをとって旅芝居に出掛けてしまうため、若手の役者を安く雇ってさまざまな芝居を試みたという。そこで抜擢される若手役者や作者にとってはまさにチャンス。格好の登竜門でもあったようだ。

夏芝居、あるいは納涼歌舞伎としては怪談物を始め、本物の水を使用した演出や早替り、宙乗りなど、工夫を凝らしたケレン味たっぷりの演出で夏を乗り切った。冷房が完備された今でも、江戸の昔

驚きの小道具の仕掛け

幽霊となったお岩を表すために工夫された小道具の仕掛け「戸板返し」。隠亡堀《おんぼうぼり》で釣り糸を垂れる伊右衛門の前に流れついた戸板には殺したお岩と雇い人・小平の死体が表裏で打ち付けられている。戸板の表裏に二人の衣裳がそれぞれついていて、戸板を裏返すと同時に穴から顔を出せば早替りできる仕組み。二役を一人の俳優が演じるための仕掛けだ。他にも、お岩の幽霊が燃えさかる提燈から出てくる「提灯抜け」や、仏壇の中に人を引き込む「仏壇返し」などの多くの仕掛けが使われる。

から続く夏芝居のスタイルはすっかり定着している。歌舞伎座では、通常は昼夜2部制を、8月は3部制として時間も内容も初めての人でも観劇しやすい内容になっている。怪談物の中で最も代表的なのは『四谷怪談』だろう。また『怪談乳房榎』『盟三五大切』『天竺徳兵衛』『牡丹燈籠』は、大スペクタクルで見所満載。いずれも幽霊以上に怖い、生身の人間の本性が描かれている。

『東海道四谷怪談』あらすじ◎忠臣蔵の外伝として書かれた四代目鶴屋南北《つるやなんぼく》の傑作。塩冶の旧家臣・四谷左門《よつやさもん》の娘お岩は、民谷伊右衛門《たみやいえもん》に嫁ぐものの、伊右衛門を孫娘の婿に迎えたい伊藤喜兵衛《いとうきへえ》が仕込んだ毒薬によって面相は変わり、恨みを残して死んでいく。「元の伊右衛門浪宅の場」がとりわけ有名。この後、お岩の幽霊がさまざまな場面で伊右衛門を悩ませ、伊右衛門の母や仲間を次々と死へ導く。最後に伊右衛門は、妹のお袖とその夫の佐藤与茂七によって討たれる。

怪談乳房榎

何度見ても
見抜けない早替り！

観客が三方から見守る中、花道七三で菰莚を被った人と傘をさした人が一瞬にして入れ替わる。まるでイリュージョン！

本水を使った立廻りは
涼を呼ぶ夏狂言にピッタリ！

大詰「大滝の場」では、正助が悪党のうわばみの三次に襲われる場面で、滝壺の中で本物の水を使って、凄まじい早さで早替りしながら2役を勤める。同じ役者が演じているとは思えないほどのスピードで、次から次に役が入れ替わる。が、単なる衣装の着せ替えではなく、役の違う個性を役者が身体で表現し、役を際立たせての早替りに醍醐味がある。

『怪談乳房榎』あらすじ◎三遊亭円朝の人情噺が原作。江戸の絵師・菱川重信は、美人の女房お関と、生まれたばかりの男の子・真与太郎と3人で柳島に住んでいた。ところが、浪人の磯貝浪江がお関を見初めて横恋慕。邪魔な重信を殺し、お関と浪江は夫婦になる。浪江は下男の正助に真与太郎を殺すよう命じるが、父の幽霊に援護され、正助の故郷・練馬の在で育てる。松月院の境内には乳代わりの樹液が出る「乳房榎」があり、榎に育てられた真与太郎が、父の亡霊に助けられ5歳で仇討ちをする。

天竺徳兵衛韓噺

澤瀉屋《おもだかや》はケレン味たっぷり！

『天竺徳兵衛韓噺』を土台にして小幡小平次怪談を織り込んだ『天竺徳兵衛新噺《いまようばなし》』は、三代目市川猿之助から四代目猿之助に受け継がれている。大蝦蟇《おおがま》はじめ、つづらを背負っての宙乗りや、本水を使った庭前の泉水などケレン味たっぷり。さらに、ほかの南北作品の要素も加えてスケールアップ。

『天竺徳兵衛韓噺』は音羽屋の家の芸

早替りの先駆けは四代目鶴屋南北の『天竺徳兵衛韓噺』で1804（文化元）年に初演を演じた初代尾上松助の徳兵衛だった。座頭に扮して館に潜入するも、本性を見破られて本水の張られた池に飛び込む。その直後、びしょ濡れのはずの徳兵衛が裃を着て悠々と現れる。「切支丹の妖術ではないか」という噂まで飛んで、2か月以上のロングランに！　またこれは「水中の早替り」と呼ばれ夏芝居の名物となる。水中の早替りは一子相伝の芸として三代目尾上菊五郎に受け継がれ、以降、尾上菊五郎家の芸『音菊天竺徳兵衛』として上演している。

『天竺徳兵衛韓噺』あらすじ◎船頭の天竺徳兵衛は、江戸幕府が鎖国する以前に御朱印船で二度、天竺（インド）に渡った実在の人物。歌舞伎では天竺徳兵衛は異国を漂流して歩いた難破船の船頭という設定。吉岡宗観実は、自分は朝鮮国王の臣下で日本転覆を謀った木曾官の息子・大日丸《だいにちまる》だと知り、父から授かった蝦蟇の妖術を用いて日本国の転覆を狙うスケールの大きな謀反人。本水を使った水中での早替り、巨大な蝦蟇、屋体崩しなど迫力に溢れるケレンと初代松助の体を張った演技で評判を取った。アイヌの民族衣装の厚司《あつし》を着て登場し、座頭の徳市となって異国の楽器・木琴を演奏するなど異国趣味が随所に見られる。

盟三五大切

愛の誓いの刺青が…

芸者の小万は腕に「五大力」の刺青を彫り源五兵衛への愛を誓ったくせに、三五郎という亭主と組んで金を騙し取って逃げた。源五兵衛が小万の家を訪ねると、腕の文字をちゃっかり「三五大切」と変えている。逆上した源五兵衛は、小万の首を斬り落とし、懐に入れて夜道を帰ってゆく。

『盟三五大切』あらすじ◎「忠臣蔵」の事件を背景に、並木五瓶の傑作『五大力恋緘』を鶴屋南北が書き換えた世話狂言。芸者の小万に惚れた浪人・源五兵衛《げんごべえ》、元は塩冶家の侍で実の名を不破数右衛門《ふわかずえもん》という。盗賊に御用金を盗まれて浪人となり、その後、塩冶家は刃傷事件でお家断絶。百両の金を工面して仇討ちの仲間に加わろうとするが、芸者・小万とその夫・三五郎に金を騙し取られる。逆上した源五兵衛は二人を殺そうとして次々と人を斬り殺し、最後は小万と幼子を冷たい目で睨み、幼子は小万の手に持たせた刀で殺し、小万の首を斬り落とし、首を抱えて隠れ住む愛染院の庵室に帰る。

生首が笑う、ゾッとする場面

小万の生首を見つめながら食事する源五兵衛。この後、仇討ちを諦めて自害しようとしたとき、三五郎が現れ、源五兵衛こそ旧主であり、討入りのための百両を奪い取ったことを悟り、包丁を腹に突き立て詫びる。仇討ちのため互いに素性を隠したための無残な結末。雪の中、源五兵衛は塩冶浪士たちと連れだって仇討ちの一行に加わるという、大逆転の結末に…。

怪談牡丹燈籠

障子越しに、骸骨とのラブシーンもあり

三遊亭圓朝の怪談噺をもとにつくられた『牡丹燈籠』。毎夜現れるお露と乳母お米の幽霊は、どこの国の幽霊にも負けない日本の典型的な幽霊スタイル。が、カランコロンと下駄の音…足はある。

百両を手にしたその後…

幽霊に貰った百両を元手に、伴蔵《ともぞう》は夫婦で江戸を離れ、故郷の栗橋で金物屋を開く。暮らしを内職で支えてきた妻お峰も何不自由ない暮らしを楽しめるはずが、伴蔵は江戸のすべてを忘れて大店の主人としての生活を謳歌し、酌婦に入れ込んでいる。頭に来たお峰は、かつての悪事をがなり立てると、伴蔵は切羽詰ってお峰を土手に誘って殺してしまう。蛍が飛び交う幻想的な川の堤で繰り広げられる凄絶なクライマックス。

『怪談牡丹燈籠』あらすじ◎カランコロンと下駄の音…新三郎に恋こがれて死んでしまったお露は、幽霊となって毎夜牡丹燈籠を下げた乳母の霊とともに新三郎の元に通う。若い二人が絡み合う部屋を覗き見ると、なんと新三郎が抱いているのは骸骨だった！　お露が死霊だと知った新三郎は、護符を貼って身を守ろうとするが、幽霊から百両を貰った引き換えに長屋の伴蔵が護符を剥がし、新三郎は殺される。が、実はこの芝居はここからが始まり。主人公は伴蔵で、金のためには幽霊の手助けもするし、女房殺しも辞さない悪党ぶりが描かれた世話物狂言。

Type 9

ダメンズ好きの
アナタにお薦め

犯された男に恋してしまう、これってダメンズ好きの極みです

『桜姫東文章《さくらひめあずまぶんしょう》』『色彩間苅豆《いろもようちょっとかりまめ》』『東海道四谷怪談《とうかいどうよつやかいだん》』（かさね）

桜姫東文章

同性カップルの耽美な心中シーン

長谷寺の所化・自休と相承院の稚児・白菊丸《しらぎくまる》は、あの世で夫婦《めおと》になろうと香箱の蓋と身に互いの名を記して、稚児淵へ。同性カップルの耽美な心中シーンから始まる。しかし、白菊丸は左手に蓋を握りしめて断崖から先に海に飛び込むが、自休は一瞬躊躇して死に遅れてしまう。

美しい姫の転落劇！　ドロドロの人間関係でラブシーンもあり

歌舞伎の中にも、クラクラするほど艶っぽいラブシーンがある。悪い男に帯を解かれ、着物の襟元からすーっと手を差し入れられると、女はうっとりと恍惚の表情を見せている。女形が本当は男性だということなどすっかり忘れてエロティックな濡れ場にドキドキしてしまう。また、歌舞伎のストーリーには、実は親子だった、兄弟だった、前世で恋人だった…ということが頻繁に起きてしまう。…んなわけないでしょう、と思いながらも、時をも超えて話が飛躍する、奔放で面白さに溢れた物語に引き込まれていくのだった。

さて、ダメだと知りながらもついつい

イケメン悪党とお姫様、濡れ場も様式美？

白菊丸の入水から17年後、吉田家に生まれた桜姫も17歳。桜姫は美しく成長したが、生まれつき左手が開かず、父と弟は悪党に殺される。ある夜、桜姫は盗賊の権助に犯されるが、なんと自分を犯した悪党を忘れられず、男の腕にあった桜と釣鐘の刺青を自分の腕に彫り、一子を産み落とす。

どん底から再びお姫様に！
その演じ分けが見所

権助は、女房にした桜姫を女郎屋に売り飛ばすが、“風鈴お姫”と呼ばれ売れっ子に。ところが、清玄の幽霊がストーカーのように憑いてまわるので、客は離れてしまい、権助の元へ帰される。

ダメンズに惹かれてしまうアナタ。歌舞伎の中にもそんな姫たちが存在する。『桜姫』はそうした見所満載の傑作！幕が開くと、長谷寺の自休（のちの清玄《せいげん》）と稚児の白菊丸という、同性カップルの美しい心中シーンから始まる。この白菊の生まれ変わりこそが桜姫。あるとき、城に押し入った強盗・釣鐘権助《つりがねごんすけ》に犯されてしまうも、その情事を忘れられなくて、なんと男とお揃いの釣鐘のタトゥーを腕に彫ってしまうのだった。

釣鐘権助は二枚目だが、実は冷血な悪人。伊右衛門、与右衛門らいわゆる「色悪」に近い役柄である。やがて、桜姫は売り飛ばされて女郎へと転落するが、お姫様言葉と女郎言葉がミックスされた奇妙な言葉遣い。腕に彫った釣鐘のタトゥーは小さすぎて風鈴にしか見えず、「風鈴お

歌舞伎の中にいる悪い男「色悪」

色彩間苅豆

色悪の
代表選手の与右衛門

白塗りの二枚目だけど、性根は極悪人。色悪の代表選手のような与右衛門。清元の艶麗な曲にのせ、暗闇の中、捕手に追われる立ち姿にクラッとくる。一方、かさねは血みどろになりながらも与右衛門を追いかけ、壮絶な立廻りの末、ついに土橋の上で殺される。
※あらすじは P.159

姫」とあだ名がつく。その変貌ぶりも面白い。白菊の生まれ変わりと知ってストーカーのようになり、亡霊になっても桜姫に纏わりつく清玄法師もおかしい。

この物語の作者は四代目鶴屋南北。江戸時代後期に大活躍した歌舞伎狂言の作者である。亡霊などが活躍する奇抜な趣向、庶民生活のリアルな描写が得意で、全く違う性質の異なる世界をない交ぜに絡ませて筋を仕立てるのが得意だった。ほかにも『四谷怪談』『かさね』などは鶴屋南北らしい代表作。いずれも色悪《ダメンズ》に翻弄される物語である。

ダメンズ好きのアナタ、ぜひ歌舞伎を教訓にしてほしい。

「色悪」以外の悪役

公家悪《くげあく》

公家など位の高い悪人や、天皇の位を狙う敵役を「公家悪」という。白塗りだが、悪を表す青黛《せいたい》で「公家荒」という隈取を引く。鬘は「王子」で金冠を被り、皇位簒奪を狙うだけあり、妖気を感じさせる扮装となっている。『菅原伝授手習鑑』時平公、『暫』清原武衡、『妹背山婦女庭訓』蘇我入鹿《そがのいるか》などが公家悪。

実悪《じつあく》

悪役の中でも取り分け悪い役を「実悪」といい、特にお家騒動に登場する実悪は「国崩し」と呼ばれる。顔は白く塗り、『伽羅先代萩』仁木弾正《にっきだんじょう》は「燕手《えんで》」の鬘(右)、『祇園祭礼信仰記《ぎおんさいれいしんこうき》』松永大膳《まつながだいぜん》の鬘は「王子」(左)で肩まで伸びた髪で怪しさを表す。冷酷で堂々とした悪人ぶりで、いずれも主役に匹敵する重要な

赤《あか》っ面《つら》

大悪人の家来や手下の多くは、顔を赤く塗った粗暴な「赤っ面」で登場する。『暫《しばらく》』の「腹出し」などが代表的。

東海道四谷怪談

お岩さんを裏切る伊右衛門も色悪

ご存じ、お岩さんの『東海道四谷怪談』に登場する民谷伊右衛門も色悪。二枚目の役者が演じる伊右衛門は、裕福な伊藤喜兵衛の孫娘に惚れられるほどの色男。喜兵衛は孫娘のために邪魔なお岩に毒薬を飲ませる。顔が崩れてしまったお岩に伊右衛門は酷い仕打ちをした結果、祟られることに…。

※あらすじは P.57

『桜姫東文章』あらすじ◎鶴屋南北が得意としていた世話物のひとつ。自分を犯した強盗を忘れられずに、剃髪のため、高僧・清玄のもとへやってきた吉田家の桜姫。そこで強盗・釣鐘権助と再会する。ところが、同性愛者の清玄の死んだ恋人の生まれ変わりだった桜姫は、言い寄ってくる清玄を誤って殺してしまうのだった。想いを遂げて権助の女房になったものの、桜姫は女郎に身を落としてしまう。また、幽霊として現れた清玄から、父親を殺したのは権助だったと聞いて、夫を殺して吉田家に帰っていく。

Type 10

ゴシップ好きのアナタにお薦め

ワイドショーネタの殺人事件や心中事件

『曾《そ》根《ね》崎《ざき》心中《しんぢゅう》』『女殺油《おんなころしあぶらの》地《じ》獄《ごく》』

曾根崎心中

縁の下で女の足を喉に当てる斬新さ

徳兵衛を店の縁の下に忍ばせる場面。座敷では酔った九平次が徳兵衛の悪口を散々並べる。怒りに震える徳兵衛を足で必死に押し止め、九平次に「徳さまは死なねばならぬ」と言いながら、縁の下の徳兵衛に足で心中の覚悟を問いかけると、徳兵衛は遊女お初の足を刃物のように喉に当て、同意を示す。

実際に心中するカップルが続出!?

江戸時代に実際に起こった殺人事件や心中事件を題材に、近松門左衛門が描いた世話物こそが、ゴシップ好きのアナタにお薦め！

1703（元禄16）年、大坂堂島の新地天満屋の遊女と、内本町醤油商平野屋の手代である徳兵衛が心中した。このワイドショーネタの事件を題材に、近松門左衛門が書き起こした世話物浄瑠璃が『曾根崎心中』である。相愛の若い男女が命がけで恋を全うした美しい人間として描かれ、事件の同年に人形浄瑠璃で上演した。この演目を皮切りに心中物のブームが起こり、来世で結ばれることを誓った実際の心中事件も多発。そのため、幕府は1723（享保8）年より、心中

女が男の手を引いて死の道行

『曾根崎心中』のお初と徳兵衛。歌舞伎においては、女性が先に立ち、男の手を引いて花道を逃げる姿は極めてセンセーショナルだった。
※あらすじはP.164

物の上演や脚本の執筆、発行を禁止したのだ。

江戸時代に禁止されたまま、永らく封印されていた『曾根崎心中』。これを復活させたのは、文楽ではなくて歌舞伎だった。1953（昭和28）年、中村鴈治郎・中村扇雀（現・坂田藤十郎）により復活上演。宇野信夫の脚本で、原作にはない九平次の悪が露見する場面を入れ、扇雀の得も言われぬお初の美しさによって大ヒットする。縁の下に隠れた男に、足で心中を誘う女の妖艶さ。歌舞伎の大ヒットをうけ、逆輸入のようなかたちで、文楽では2年後に文楽座で復活。歌舞伎の演出に倣って、人形に足をつけて演出されたそうだ。

江戸歌舞伎とは対照的に、関西のやわらかみのある芸を上方世話物、和事とい

女殺油地獄

油まみれの人殺し

与兵衛が、豊島屋の女房お吉に借財を申し込むが断られ、油まみれになりながら追いまわし、とどめを刺す場面。歌舞伎では、瀕死のさまを"海老反り"で様式的に見せる。

与兵衛の人間的な弱さが心に刺さる

実は情にもろい面も持ち合わせているのに、目の前の誘惑に負けてしまう与兵衛。現在の事件にも通じる人間的な弱さは観る人の心に刺さる。

※あらすじは P.159

う。和事の主人公は、女性的なやわらかいしぐさや台詞まわしが特徴。高貴な人物が何らかの事情で紙衣を着て身をやつしているという設定もよくみられる。頼りなさそうな、弱々しい主人公が多く、俗に〝つっころばし〟と呼ばれる。人形浄瑠璃を歌舞伎化したものも多く、『曾根崎心中』は上方歌舞伎の代表作。

殺人事件もののお薦めは『女殺油地獄』。実際の殺人事件をもとに近松門左衛門が書き下ろした世話浄瑠璃。養父が遠慮がちなのをいいことに悪行三昧の甘ったれ息子が、借金の返済に困って同業の油屋の女房に借財を頼むも断られて、殺害する話だ。油まみれになって滑ったり転んだりしながら、その名のとおり地獄絵のように残忍に女を殺傷。様式美化された再現ドラマとでもいうのだろうか…。

歌舞伎でみる美しき死への道中

『鳥辺山心中《とりべやましんじゅう》』
こちらは、東男《あずまおとこ》と京女《きょうおんな》

祇園の遊女お染と、江戸から京に上がった菊地半九郎。初心なお染に惹かれ、家宝の刀に替えてでも身請けして親元に帰してやろうとするが、それがきっかけで人を殺めてしまう。切腹しようとする半九郎に、清い身体のまま一緒に死なせて欲しいと訴えるお染。美しい満月の下、正月のために誂えた晴れ小袖を身につけて、鳥辺山へと進む。
※あらすじは P.165

『恋飛脚大和往来　新口村《にのくちむら》』
美しすぎる死への旅路

忠兵衛《ちゅうべえ》が遊女・梅川の身請けに恋敵と張り合って公金を横領。逃れるすべのないことを知った二人は、雪の中、揃いの黒地に梅の裾模様で比翼紋の付いた着物で死への旅路へと発つ。
※あらすじは P.162

さまざまに分類される【歌舞伎の種類】

作品の内容による4つの分類

◆ 時代物

江戸時代以前（平安・鎌倉・室町時代）の公卿や武家や僧侶などの人物を中心とした出来事を題材にした作品。勇ましい武士などが活躍するヒーロー物が多く、格式のある歌舞伎の様式が堪能できる。主な作品は『義経千本桜』、『仮名手本忠臣蔵』、『菅原伝授手習鑑』など。

◆ 世話物

江戸時代の人々にとっての現代劇で、町人や庶民の生活、事件などを舞台化した作品。近松門左衛門の登場で、上方では心中事件を描いた「心中物」が大人気。江戸では盗賊が主人公の「白浪物」が流行った。ストーリーや台詞が分かりやすく、当時の文化を知ることができる。主な作品は『曾根崎心中』、『四谷怪談』、『白浪五人男』など。

◆ 所作事（歌舞伎舞踊）

ほとんど台詞はなく、踊りの振付だけで気持ちを表現する舞踊劇のこと。物語は長唄、常磐津、清元など演奏者たちが唄う歌詞に組み込まれている。歌舞伎演目の中に含まれる劇中舞踊と独立した歌舞伎舞踊があるが、いずれも演劇と踊りの様式化した美しさが堪能できて、錦絵をめくるような楽しさがある。主な作品は『鏡獅子』、『藤娘』、『紅葉狩』など。

◆ 新歌舞伎

明治後期から昭和初期にかけて、歌舞伎とは関係のない外部の作家たちが書いた作品。1893（明治26）年の河竹黙阿弥没後、歌舞伎専門で書く力のある作者が現れなかったので、徐々に小説家たちが作品を手掛けるようになってゆく。主な作品は、菊池寛の『藤十郎の恋』、長谷川伸の『一本刀土俵入』、三島由紀夫の『鰯売戀曳《いわしうりこいのひき》網《あみ》』などが有名。

江戸と上方

◆ 江戸歌舞伎 荒事

江戸の初代市川團十郎に始まる、豪快で力強い演技。武士の気風が色濃い江戸の人々に好まれた。誇張された衣裳や派手な隈取、見得や六方《ろっぽう》など独特な様式が特徴。荒事は「荒武者事」の略。主な作品は、『暫』、『鳴神』、『国性爺《こくせんや》合戦《かっせん》』、『毛抜』など。

◆ 上方歌舞伎 和事

元禄時代の上方（京都・大坂）で活躍した立役、初代坂田藤十郎によって完成した。やわらかで優美なしぐさや台詞まわしは、江戸で発達した荒事とは対照的。主な作品は、『吉田屋』、『恋飛脚大和往来』、『心中天網島』など。

作品が成立した経緯による3つの分類

◆ 丸本物《まるほんもの》（義太夫狂言）

人形浄瑠璃で演じられた作品を歌舞伎化したもの。セリフ以外の状況や心理を表す部分は原則として義太夫節（歌舞伎では竹本という）を用いる。主な作品は、『仮名手本忠臣蔵』、『菅原伝授手習鑑』、『義経千本桜』、『本朝廿《ほんちょうにじゅう》四孝《しこう》』など。

◆ 松羽目物《まつばめもの》

能や狂言で演じられた作品を歌舞伎に移したもの。「松羽目」とは能楽堂のように舞台正面に老松を描いた舞台装置に由来する。主な作品は、『勧進帳《かんじんちょう》』（原作は能の『安宅《あたか》』）、『身替座禅《みがわりざぜん》』（原作は狂言の『花子《はなご》』）、『棒しばり』など。

◆ 純歌舞伎

丸本物とは対照的に、そもそも歌舞伎として上演するために書かれた作品。四代目鶴屋南北や河竹黙阿弥など、狂言作者と呼ばれる歌舞伎専門の作者による作品が含まれる。主な作品は、『三人吉三』『桜姫東文章』など。

近年に一世風靡した3つの歌舞伎

◆ スーパー歌舞伎

現代風歌舞伎。1986（昭和61）年、三代目市川猿之助が創始。現在は四代目猿之助が座頭を勤める。古典歌舞伎の立廻りや音楽を意識的に取り入れつつ、『ヤマトタケル』をはじめ、従来の歌舞伎の枠にとらわれない題材や出演者、スタッフを採用しながら創作される。きらびやかな衣裳や最新の舞台装置を用いた派手な演出で、エンタテインメント性が高い。

◆ 平成中村座

東京・浅草にある浅草寺境内などに仮設される移動式の芝居小屋で上演される歌舞伎。2000（平成12）年、十八代目中村勘三郎（初演時・勘九郎）が中心となり、江戸中村座ゆかりの地で初演公演を上演したことから始まった。江戸時代の芝居小屋をイメージしたつくりで、江戸中村座で使用されていた「白・柿色・黒」の定式幕がかかる。

◆ コクーン歌舞伎

東京・渋谷のBunkamuraにある劇場「シアターコクーン」で行われる歌舞伎。1994（平成6）年、十八代目中村勘三郎（初演時・勘九郎）、八代目中村芝翫（当時・橋之助）らが『東海道四谷怪談』を上演したのが始まり。上演するのは古典歌舞伎の演目だが、串田和美による現代的・実験的な新しい演出がなされる。

泣きたい！

『伽羅先代萩《めいぼくせんだいはぎ》』
『一谷嫩軍記《いちのたにふたばぐんき》』（熊谷陣屋《くまがいじんや》）
『新版歌祭文《しんばんうたざいもん》』（野崎村《のざきむら》）
『荒川《あらかわ》の佐吉《さきち》』

伽羅先代萩

忠義と我が子への愛の板挟みに

結末を思うと、健気さに涙

息子に毒見をさせる「飯炊き」の場面。後のストーリーを知っていると、この健気な場面も悲しい。

政岡のクドキの場面

千松の亡骸を前に、誰もいなくなってから、堰を切ったようにひたすら母として号泣する政岡。

忠義のために子を犠牲にする、親の気持ちで号泣しそう

御殿勤めの格の高い女性の役柄のことを、その髪型から「片はずし」という。なかでも『伽羅先代萩』の政岡は、品格と強さがなければならず、演じきるには高い技量と精神力、深い解釈が要求される大役だ。

泣けるのは、政岡が幼い主君・鶴千代と千松（政岡の子）に茶釜で飯を炊く「飯《まま》炊き」という有名な場面と、それを含む「御殿」。毒殺を企む悪人一派から主君を守るために、政岡は自ら食事をつくり、我が子に毒味をさせている。飯を待つ間、雀の歌をうたう様子や空腹に耐えながらも「お腹がすいてもひもじゅうない」という千松の健気な姿は、後の物

一谷嫩軍記

俳優の工夫が見られる場面

首実検の後、忠義のために殺した息子・小次郎の首を妻に手渡す直実。大抵は成田屋の型で、直実が置いた首を妻が取りに行く。芝翫型は衣裳が黒ビロードの着付に赤地錦の裃。顔は芝翫隈で、妻に首を直接手渡す。イラストは当代仁左衛門が工夫した演じ方。

語を知ればホロリとくる場面だ。

そこに、悪人側の管領（幕府の高官）の妻・栄御前が見舞いの菓子を持って来る。政岡が断ることができずにいると、千松が突如駆け寄って菓子をほおばり、箱を蹴散らすと俄に苦しみ始めた。敵対する八汐は証拠隠滅のため懐剣で千松を刺し、政岡の前でなぶり殺してしまうのだった。が、我が子が犠牲になっても顔色ひとつ変えない政岡。この我慢も、物語を知れば泣き所！

そして周りに人がいなくなると、政岡は堰を切ったように、あの世に行ってしまった息子に会いたいと切々たる気持ちを語り、亡骸を抱いて「かわいや、かわいや」と、ひたすら母として号泣する。封建社会における母子の愛の物語、繰り返し見れば見るほど号泣できる。

新版歌祭文

大切な人のため身を引く別れ

健気で切なすぎるラストシーン

身を引いて出家を覚悟したお光が、恋人をにこやかに見送るが…。

※あらすじは P.163

忠義のために我が子を犠牲にするなんて冷静に考えると共感できないと思うだろうが、そこが歌舞伎の不思議。演出された江戸の空気に引き込まれ、DNAレベルで涙してしまうのだ。

もう一つ、忠義のために我が子を殺してしまう『熊谷陣屋』の直実と相模夫婦も泣ける。

さらに、別れの悲しさ。身を引いて別れる系の歌舞伎を紹介しよう。『新版歌祭文 野崎村』は許嫁の幸せを願いながら身を引く娘の切ない恋の別れ。さらに『荒川の佐吉』は、育ての子の幸せを思って身を引く男の話。歌舞伎はグッと耐える心が泣き所のポイントだ。

荒川の佐吉

佐吉が旅立つ涙のシーン

生み捨てられた盲目の赤ん坊を慈しみ育てた佐吉の元に、実の親が現れ、その身勝手さに怒るが、子供の幸せを考え、苦渋の決断をし旅に出る。

※あらすじは P.158

『伽羅先代萩』あらすじ◎足利家のお家騒動が話の基軸。六場構成だが、中でも有名なのは「御殿」の場。「床下」もよく上演される。足利頼兼はお家乗っ取りを企む一味の計略に乗せられ、隠居を命じられる。足利家の御殿では、敵が幼君・鶴千代を毒殺しようとする中、乳母・政岡が息子の千松とともに鶴千代を守っていた。そこへ敵対する八汐が、菓子を持った栄御前を連れて来る。鶴千代に食べさせるわけにはいかず、しかし断ることもできない。すると千松が菓子を口にし、毒で死んでしまう。八汐は証拠隠滅のため千松を刺し殺すが、政岡は表情を変えない。それを見た栄御前は、政岡を仲間と勘違いし…。

『一谷嫩軍記』（熊谷陣屋）あらすじ◎五段物の内、三段目が「熊谷陣屋」。源平合戦の最中、源義経の家来・熊谷次郎直実は、敵軍・平敦盛の命を助けよと密命を受ける。苦渋の決断で身替りにしたのは我が子・小次郎だった。熊谷の陣屋に、息子を心配する妻の相模が訪ねてきて、敦盛の母親も迷い込んでくる。そして、陣屋には敦盛の首を主君・義経が控えていた。実検のために衣服を改めて主君の前に出た熊谷は、まずは制札を引き抜いて義経のもとへ差し出し、首桶の蓋を取って捧げ持つ。その首を見て相模はわが眼を疑う。敦盛の首ではなく、小次郎のものだったからだ。騒然となる母二人を熊谷は押しとどめ、制札を手にして義経の言葉を待つ…。

笑いたい！

『人情噺文七元結《にんじょうばなしぶんしちもっとい》』『らくだ』『芝浜革財布《しばはまのかわざいふ》』『狐狸狐狸《こりこり》ばなし』『棒《ぼう》しばり』『身代座禅《みがわりざぜん》』

落語の笑いが歌舞伎に！

人情噺文七元結

親孝行娘と江戸っ子の人情噺

三遊亭円朝の人情噺をもとにした名作。大の博打好きで、女房とは喧嘩ばかりの長兵衛だが、見かねた健気な孝行娘が驚きの行動に！　ほっこり笑える人間味溢れるホームドラマ。

※あらすじは P.165

人情味溢れる長屋の物語は、落語を聞くような気分で笑える！

落語の中に出てくるような、どこにでもいそうな大工や魚屋、侠客や遊女、長屋の衆など、江戸の町人が主人公の歌舞伎がある。こうした町人生活や世相風俗を扱った歌舞伎を「世話物」という。江戸時代の人たちにとっての現代劇だ。実際に、人情噺の名人と呼ばれた落語家、三遊亭円朝の持ちネタを原作にした芝居もある。笑いと涙の傑作『文七元結』だ。

主役は、題名にある文七ではなくて左官の長兵衛。博打好きで妻子に苦労をかけているというのに、ゆきずりに出会った文七の命を救うためになけなしのお金をやってしまう。早い話が人情に篤い江戸っ子だ。文七にお金をやってしまおう

らくだ

なんと、死体がカンカン踊り?!

酒で変貌する久六と、熊五郎の立場逆転の様などゲラゲラ笑っちゃうレベルの愉快さ。

※あらすじは P.167

芝浜革財布

拾った革財布は夢だった?

立派な革財布を拾った政五郎はすぐさま家に帰り、酒や肴をがんがん注文し、仲間を集めて大宴会。しかし、一晩寝て目覚めると…。よくできた女房に嬉し涙!

※あらすじは P.163

かどうかと迷う場面が、役者の腕の見せ所。貧乏長屋で妻と喧嘩する場面も切なくおかしい。

　さて、元結とは、男性の髷や女性の日本髪を結い束ねるための紙縒《こより》のこと。で、「文七元結」とは江戸時代中期に考案された実在の元結である。当時は、非常に弱くて扱いにくかったため、美濃から招かれた紙漉き職人・文七が修業を積み、日夜改良した結果、遂に光沢のある丈夫な元結づくりに成功し、大評判を呼んだという。また、長兵衛の娘が両親を見かねて自ら身売りしようとするが、吉原の佐野槌という場所は、浅草の北側にあった実在の大見世らしい。フィクションだということにはなっているが、どこか実在が入り交じっているところにリアリティを感じる。

新歌舞伎のシュールな笑い

狐狸狐狸ばなし

滑稽な男と女の色欲

男と女の色欲が絡み合った中、二転三転の騙し合いが展開される、笑いの耐えない喜劇。※あらすじは P.162

また、舞台の大道具や小道具にも工夫がある。屏風や障子紙の破れ具合、行灯のシミの付き具合も、夫婦喧嘩をして屏風を放り投げると、ここが破れてここが汚れるというふうに、辻褄が合うような場所を想定して汚したり破るという。衣裳も使い古した風合いだ。歌舞伎の世話物は、幕が開いたときに観客がすーっと芝居に入っていけるような演出が細部に施されている。

落語を題材にした歌舞伎『らくだ』や『芝浜』もお腹をかかえて笑える世話物。そして新歌舞伎の『狐狸狐狸ばなし』、さらに六五〇年の歴史をもつ狂言の笑いを歌舞伎にした『棒しばり』や『身替座禅』も、笑いたいときにお薦めの演目である。

狂言の笑いが歌舞伎に！

棒しばり

酒を盗む微笑ましい家来たち

狂言『棒縛』をもとにしたコメディで、踊りの主人が演じる。縛られて不自由なまま、息を合わせて踊り、小道具の棒や扇や盃を見事に扱うところが見所。※あらすじは P.166

身替座禅

浮気に怒る奥方が、怖すぎて可笑しい

狂言『花子』を歌舞伎の舞踊劇にした作品。ほろ酔いで帰ってきた主人を待ち受けていたのは太郎冠者に代わって座禅衾《ざぜんぶすま》を被り怒り心頭の妻。妻役は立役が厳つい顔で勤めるから余計おかしい。※あらすじは P.166

＼＼ 気分で選ぶ歌舞伎 //

スカッとしたい！

『暫《しばらく》』『鳴神《なるかみ》』
『再茲《またここに》歌舞伎《かぶきの》花轢《はなだし》』（お祭り）
『梅《うめ》ごよみ』

荒事でスカッと！

暫

これがスーパーヒーロー 鎌倉権五郎の隈取

鎌倉権五郎の隈取は初代團十郎が考案し、二代目が牡丹の花をヒントにボカシを加えたとされる、隈の基本「筋隈」という形。

荒事の英雄や江戸っ子の気風に気分は晴れ晴れ！

罪のない、若く美しい相愛の男女が悪人に捕らえられ、ともに殺されようとする危機一髪のとき、「しばらくー、しばらくー」と大声をかけて現われるスーパーヒーロー。超人的な力で暴れて悪人をやっつけ、救ってくれる。これこそが「荒事」。スカッとできるイチ押しの演目である。

1673（延宝元）年の江戸で初代市川團十郎によって創始された、荒々しく豪快な歌舞伎の演技を「荒事」という。荒事のもつ力強さや、おおらかさは、武士の気風が色濃い江戸の人々に好まれて、元禄時代以降、江戸を中心に発展した。荒事の主人公は、隈取という化粧や

鳴神

歌舞伎版・ハニートラップ!?

裾をめくり白い足を露わに亡き夫との話を艶っぽく聞かせ、腹痛をよそおって乳房に触れさせたりするエロティックな場面も見所。初めて女人の柔肌に触れた上人はついに破戒する。

注連縄を切り雨を降らせる

飲めない上人に酒をすすめて飲酒戒を犯させて酔い潰れた隙に、雲の絶間姫はついに注連縄を切り落とす。

**怒り狂って
変身する鳴神上人**

謀られたことを知った鳴神上人は髪を逆立て、炎となって荒れ狂う。大百日の鬘に火焔の衣裳。

誇張された衣裳が特徴で、見得や六法など独特の演技の様式が見られる。なかでも、『暫』の主人公である鎌倉権五郎景政は、衣裳や化粧などが際立っている。顔には力漲る筋隈が描かれており、花道からはみ出すほど大きな柿色の素襖《すおう》を身に纏い、２ｍ以上の大太刀を掲げて、大迫力！

江戸時代の芝居小屋が描かれた浮世絵を見ても分かるように、歌舞伎は今のように静まり返って観ていたわけではない。客は弁当を食べたり、酒を飲んだり、喋ったりしながら自由気ままに芝居を楽しんでいた。そんな時代に、年中行事である顔見世芝居のお約束として必ず劇中に差し入れられた一場面が今の『暫』であり、現在のように独立した正式演目になったのは明治時代になってからのこと

江戸っ子の気風でスカッ!

再茲歌舞伎花轢

江戸っ子の気風爽やか!

江戸で最も女性にモテたといわれる鳶頭。大向うが「待ってました!」と声をかけるのがお約束。それに応えて、ほろ酔いの鳶頭が「待っていたとはありがてぇ」と、切れ味のよい台詞を聞かせてくれる。

※あらすじは P.166

だそうだ。

さて、スカッとできる荒事の主役の女性版は『鳴神』の雲の絶間姫。朝廷への恨みから、高僧・鳴神上人は龍神を封じ込めてしまう。人々が干ばつに苦しめられる中、鳴神上人のもとに天下一の美女・雲の絶間姫が送り込まれ、色仕掛けで鳴神上人を酔いつぶさせ、滝に張られた注連縄を切って雨を降らせて、大命を果たす。

ほかにも、スカッとした江戸っ子の登場で気分を晴らせてくれる演目もある。いなせな江戸っ子の代表選手は『お祭り』の鳶頭。女性版では意気と張りを看板にした辰巳芸者・仇吉と米八が登場する『梅ごよみ』もお薦めだ。

梅ごよみ

美しい情景にうっとり

為永春水の人情本『春色梅児誉美』、続編『春色辰巳園』が原作。深川の羽織芸者・米八《よねはち》と仇吉《あだきち》は、唐琴屋の丹次郎を巡る恋敵。1927（昭和2）年に歌舞伎座で初演された際には、なんと舞台監督が永井荷風、美術が鏑木清方だったという。その舞台の美と粋は今なお存分に味わえる。とくに舞台も花道もすべて隅田川となり、舞台中央で舟から姿を現す深川芸者の仇吉。清元の曲が流れる中、その立ち姿はまるで浮世絵から飛び出してきたかのように美しい。

スッキリ、気風のいい深川芸者

深川の芸者は「米八」「仇吉」と男名前で、下駄を履き、お座敷に出るときは男性のような羽織を着る。「売るのは芸だけ、羽織の下は売らない」というプライドをもっていたからで「意気と張り」の気風のよさが売り。

※あらすじは P.159

『暫』あらすじ◎歌舞伎十八番のひとつ。加茂次郎義綱と許嫁の桂の前は、鶴岡八幡宮の前で、天下乗っ取りを企む清原武衡に言いがかりをつけられる。義綱の父・頼義に対する恨みと、桂の前への横恋慕で、思いが叶わぬと知るや家来たちに成敗を命じる。と、そのときに「しばらく」と大声をかける英雄が現れる。正義の味方、鎌倉権五郎景政。自ら名乗りをあげ、歌舞伎十八番の由緒までを朗々と述べ、悪人たちの肝を潰す。さらに手向かう悪党の首を一撫でに切り落とし、悠々と花道を入る。

『鳴神』あらすじ◎歌舞伎十八番のひとつ。鳴神上人が龍神を封じ込めて岩屋に閉じこもったため干ばつが起きた。そこで民衆を救うために宮廷一の美女・雲の絶間姫が送り込まれ、色仕掛けで上人を迷わせるという物語。柔肌に触れさせ、酒を飲ませ、酒に潰れた隙に龍神を封印していた注連縄を切り、雨を降らせる。謀られたと知って荒れ狂う鳴神上人。ここからは柱巻きの見得や、経分を引き裂く見得、不動の見得など、荒事ならではの迫力ある大きな演技が見所となる。最後は六方を踏みながら雲の絶間姫を追う。

今なお人気の【歌舞伎狂言作者】

上方で活躍 人間ドラマをリアルに描いた作品が特徴

◆ 近松門左衛門

もともとは人形浄瑠璃の作者だったが、1693（元禄6）年ごろから初代坂田藤十郎に約30の歌舞伎作品を提供。上方の歌舞伎で活躍したのち、浄瑠璃作者に戻った。当時、上方ではのちの「和事」に繋がる「やつし事」が評判を呼んでおり、坂田藤十郎は、落ちぶれた若殿が町人に身をやつして遊郭へ通う「やつし事」を得意としていた。近松は時代物の作者として知られていたが、人形浄瑠璃のために書き下ろした『曾根崎心中』が大ヒットし、心中物の名手となった。主な作品に『曾根崎心中』、『女殺油地獄』、『俊寛』、『心中天網島』など。

「大南北」と呼ばれた文化文政の江戸の巨人

◆ 四代目鶴屋南北

四代目鶴屋南北は、1755（宝暦5）年に江戸で生まれ、長い下積みを重ねたのち、49歳にして初めて立作者となる。翌年上演した『天竺徳兵衛韓噺』が屋体崩しや早替りなど「ケレン」と呼ばれる舞台演出で評判を呼んで大当たり。独創性に富んだ作風で「怪談物」や、同時代の風俗や人間像をリアルに取り入れた「生世話物」を確立。また舞台装置を新しく考案し、表現の開拓にも取り組んだ。さらに俳優の持ち味を活かしながら「悪婆」「色悪」など新しい役柄を創出。主な作品は『東海道四谷怪談』、『盟三五大切』、『天竺徳兵衛韓噺』、『桜姫東文章』など。

江戸の情緒たっぷり、アウトローを描く美しい作品

◆ 河竹黙阿弥

1816（文化 13）年に江戸日本橋に生まれ、幕末から明治にかけて活躍した狂言作者。27 歳で二代目河竹新七を襲名し立作者となるが、しばらくは鳴かず飛ばず。しかし、幕末に名優・四代目市川小團次と組んで、庶民を主人公に彼らの生活を写実的に描いた作品で人気を博す。これらの世話物は、「黙阿弥調」とも呼ばれる聴き心地のよい七五調の台詞で書かれており、多くが清元を使った美しい作品。また、盗賊を主人公にした演目を「白浪物」としてひとつの分野を確立した。1881（明治 14）年に黙阿弥と改名。主な作品は『三人吉三』、『白浪五人男』、『髪結新三』、『十六夜清心』、『切られお富』など。

2章

さあ、歌舞伎を観に行きましょう！

歌舞伎は身近なエンタテインメント。
まずは、歌舞伎はどんな風に発展したのか、
歴史をざっと振り返ってみましょう。
さらに、外国人と歌舞伎を観に行くことを想定し、
ゼロからの基礎知識を学びましょう。

外国人に聞かれても一気に説明できる

【歌舞伎400年の歴史とオペラ豆知識】

外国人を歌舞伎に案内して、「歌舞伎の歴史を教えてほしい」なんて聞かれたときのために、ここで歴史を一気に振り返っておきましょう。

ちなみに、日本とイタリアは1万km近くも離れているのに、時を同じくして、歌舞伎とオペラというふたつの舞台芸術は西暦1600年前後に発祥し、ともに400年を越える歴史があります。

❖歌舞伎の始まりは念仏踊り？

歌舞伎は400年余りの歴史の中で、さまざまに形を変えてゆきながら発展してきました。1603（慶長8）年、徳川家康が将軍となって江戸幕府を開いたころのこと。京都・四条河原では出雲阿国が「かぶき踊り」を演じて評判を呼びました。これこそが、歌舞伎の始まりではないかと言われています。阿国は出雲大社の巫女だったとされていますが、その生涯は謎に包まれており、さまざまな説があります。はた

出雲阿国はこんな感じだったかも。四条河原で「かぶき踊り」を演じて評判に。

して踊りや音楽がどうだったのかもよく分かっていませんが、残されている阿国の絵を見ると、刀をかざした男装姿です。そう、阿国は茶屋遊びに通う伊達男を演じていたのです。古来、芸能は神に捧げるものとして男性のみで演じられていましたが、おそらく阿国は巫女ということで特別に扱われていたのでしょう。阿国の性を超越した倒錯美は、戦国の世の疲れ果てた人々を虜にしたのではないでしょうか。

「念仏踊り」「ややこ踊り」などと呼ばれたかぶき踊りは、まだ芝居小屋がなかった時代、野天の河原や寺社など橋掛《はしがかり》付きの舞台で演じられていました。見物人たちは地べたに座ったり、立ったままで舞台を観る。芝生で囲われた見物席、これが「芝居」の語源です。

阿国に触発されて、遊郭では「遊女歌舞伎」が盛んになりますが、幕府は風紀を乱すとして禁止。すると今度は、前髪姿の少年たちによる「若衆歌舞伎」が人気を集めます。ところが、これも衆道（男色）の盛んな時代で、役者を買う客が出るなどの問題を起こしてしまったので禁止となってしまい、ついに月代《さやかき》（額から頭頂部にかけて剃り上げた部分）を

町人中心で身分の区別なくあらゆる階層が混じりあって混沌とした江戸の芝居小屋。そんな中、役者たちは観客の気を惹くために、衣裳をつくったり、見得を切って誇張するなどして、そこから歌舞伎の手法や様式が生まれてきた。

剃った「野郎頭」、つまり成人男子による「野郎歌舞伎」のみが許されることとなったのです。

❖江戸の芝居小屋で逞しく育った歌舞伎

やがて歌舞伎は常設の芝居小屋で上演されるようになります。江戸で最初の小屋は１６２４（寛永元）年に猿若勘三郎（初代中村勘三郎）が立ち上げた猿若座（後の中村座）でした。勘三郎とは中村座代々の座元名。ちなみに今は亡き十八代目勘三郎が２０００（平成12）年に浅草に建てた仮設小屋「平成中村座」は、江戸の中村座を現代によみがえらせようという試みでした。

では、当時の歌舞伎見物は、どのようなものだったのでしょう。江戸時代の芝居小屋と現代の劇場とでは随分様子が違います。1階は4〜5人掛けの枡席ですが、現代の歌舞伎座のように行儀よく前を向いてなんかいません。ともかく客席が賑やかでした。めいめいがさまざまな方向を向き、喋ったり、飲んだり、食べたりしながら芝居を楽しんでいたのです。今とは違って電気のない時代。劇場の中は窓からさす自然光と蝋燭のみで、かなり暗い環境だったようです。四国の「こんぴら歌舞伎」が行われる旧金毘羅大芝居（金丸座）に行けば、当時の様子が想像できるでしょう。金丸座は日本に唯一残っている江戸の芝居小屋ですが、江戸三座は金丸座より少し大きくて千人ほどの収容人員だったようです。

江戸の芝居小屋では茶屋から料理や酒が運び込まれ、観客は飲んで騒ぎながら芝居を見ました。町人中心で身分の区別なくあらゆる階層が混じりあう場所で、贔屓の役者にはおひねりが投げられ、大向うの掛け声や野次が飛びかいました。芝居がつまらなければ、お客は舞台を観てくれない。そんな中、役者たちは観客の気を惹くために、豪華な衣裳をこしらえたり、化粧したり、見得を切って誇張するなど、そこから歌舞伎の手法や様式が生まれてきたのです。芝居のクライマックスとなると、舞台上手でバタバタバタばったりとツケ打ちが板を鳴らし、役者はかっと目を見開き、見得を切る。少しでも注意を向けてもらうために、役者の演技は、自然と誇張されたものになっていきました。そんな江戸の芝居を代表するのは、荒事の芸を始めた名優・初代市川團十郎でした。

その派手な衣裳や、隈取は、江戸っ子のヒーローとして人気を集め、二代目以降、代々の團十郎に受け継がれてきました。

17世紀の半ばごろには、市村座、森田（守田）座、山村座の三座も加わった「江戸四座」が、幕府公認の小屋として櫓を上げます。1714（正徳4）年に江戸城大奥御年寄の江島が、山村座の人気役者だった生島新五郎らと遊興して江戸城の門限に遅れたことが引き金となったスキャンダル「江島生島事件」の巻き添えとなって、山村座が取り潰しとなった以降は、「江戸三座」が並立する時代が幕末まで続きました。

一方、上方では優雅ではんなりとして、リアルな二枚目の色模様を演じる和事と呼ばれる芸が確立されました。その代表格が元禄の名優・初代坂田藤十郎です。近松門左衛門は藤十郎のために数々の名作を書いています。

❖客を飽きさせない工夫

江戸時代の歌舞伎はエンタテインメントに徹していました。猿楽（能楽）や人形浄瑠璃など、先行する芸能を巧みに取り入れ、大陸から琉球を経て伝わった三味線音楽がさまざ

『勧進帳』弁慶は立役の歌舞伎俳優にとって憧れの大役。飛び六方もさることながら、富樫に詰め寄ろうとする四天王を弁慶が押しとめる場面など、見所満載の人気演目。　※あらすじは P.161

まな形で演奏されました。見た目本位で、役者の魅力を際立たせるため、脚本、演出や衣裳、道具立てを考え、客を飽きさせない工夫を随所に施しました。興行は毎回趣向を変えて、「○○実ハ××」と、登場人物の正体が変わることで、客を驚かせるどんでん返しのストーリー展開や、戸板返しや提灯抜け、宙乗り、早替りなどのケレンを駆使して観客を楽しませました。

元禄の近松門左衛門から、文化文政の四代目鶴屋南北、幕末の河竹黙阿弥に至るまで、錚々たる狂言作者が名優たちのために芝居を書いていますが、初日に評判が悪ければ、芝居はどんどん変えて、台詞や演技も役者次第。各座は趣向を変えた新作を競い合って、とにかく客足をつかもうと必死に競争したのです。歌舞伎はさまざまなものを貪欲に取り込む「足し算」の芸能でした。

能・狂言、文楽、落語など日本の芸能芸能の人気演目からも、したたかにイイとこ取りをしています。たとえば、弁慶の「飛び六方」で知られる『勧進帳』。今や歌舞伎の代表的な演目とされていますが、実は、能の『安宅』を題材に、七

能の『安宅』は、強力に変装した義経を富樫が止めようとすると、弁慶と9人もの郎党が立ち向かい、その迫力に恐れをなして関を通してしまう。

代目市川團十郎が1840（天保11）年に初演したもの。奥《おう》州《しゅう》平泉《ひらいずみ》に落ち延びて行く源義経と弁慶の一行が、安宅の関を通過する際の攻防を描いています。歌舞伎も能も、話の大筋はそれほど変わりませんが、歌舞伎は弁慶と富樫の、男同志の義理人情の話にしたところが大きなポイント。

『安宅』は、豪快でパワフルな弁慶が、富樫と命を懸けた息の詰まるような対決を演じます。弁慶と9人もの郎党が舞台いっぱいに登場し、弁慶が力ずくで富樫と対決し、関所を突破。集団の力を表現し、あくまで力と力との対立という方向で演じます。一方、歌舞伎舞踊の『勧進帳』は富樫に詰め寄ろうとする四天王を弁慶が押し止めます。また、弁慶に惚れ込んだ富樫は、義経一行だとわかりつつも、武士の情けで安宅の関を通すのでした。弁慶を呼び止めて酒宴をはる富樫。富樫の心情を察して舞う弁慶。そこには男同士のロマンがあります。当時、能は大名たちに庇護のもとにあった芸能で、歌舞伎は庶民を喜ばせるエンタテインメント。その違いの現れなのでしょうか。

フランス・オペラ座にあるガルニエ宮。

❖オペラは王侯貴族に保護され、歌舞伎は江戸所払い？

では、歌舞伎と同時代にヨーロッパで生まれたオペラと比較してみましょう。最大の違いは、オペラが王侯貴族など権力者に保護されていたのに対して、歌舞伎は権力者と離れた町人の中で発展したことです。たとえば、フランス・パリにあるガルニエ宮（オペラ座）は、1669年に国王ルイ14世によって創設されました。現在のガルニエ宮は13代目になりますが、劇場内部は皇帝の色である真紅と金の装飾をメインに、クリスタルの豪華なシャンデリアがあり、パリ社交界の応接間として機能する大休憩室も備わっています。馬車で劇場に乗り付ける燕尾服やロング・ドレスの紳士淑女…パリ貴族や上流階級の社交場にふさわしい場所です。一方、「千両役者」と呼ばれて、絶大な人気を誇った七代目團十郎でさえも、外を歩くときは編み笠をつけることを強いられ、贅沢な私生活などを理由に、幕府から江戸所払いの処分を受けています。さらに天保の改革では、芝居町は江戸城から離れた浅草・猿若町に移転させられて、色町の吉原と並んで「悪所」

とされました。

❖世界に誇る芸術へと飛躍！

260年続いた徳川幕府が崩壊、明治維新となると、歌舞伎を巡る状況は一変します。これまで幕府を憚り、『忠臣蔵』も時代を変えて、信長は「春永」、秀吉は「久吉」と微妙に名前を言い換えていたのが、今度は史実通りに上演するようにと求められました。一方で、「親子がともに観て顔を赤らめる」ようないかがわしい芝居は、文明開化にはふさわしくないと御法度になります。つまり高尚で忠君愛国を描いた芝居が推奨されたのです。また、列強と条約改正交渉を急ぐ明治政府は、外国人に観せるための日本独自の舞台芸術として歌舞伎に目を付けたのです。

1887（明治20）年の天覧歌舞伎により役者の地位は向上し、1889（明治22）年には政府の肝入りで発足した改良会のメンバーだった言論人、福地源一郎（号は桜痴）らによって歌舞伎座が建設されました。

第1期の歌舞伎座は、まさに明治という時代を象徴する劇

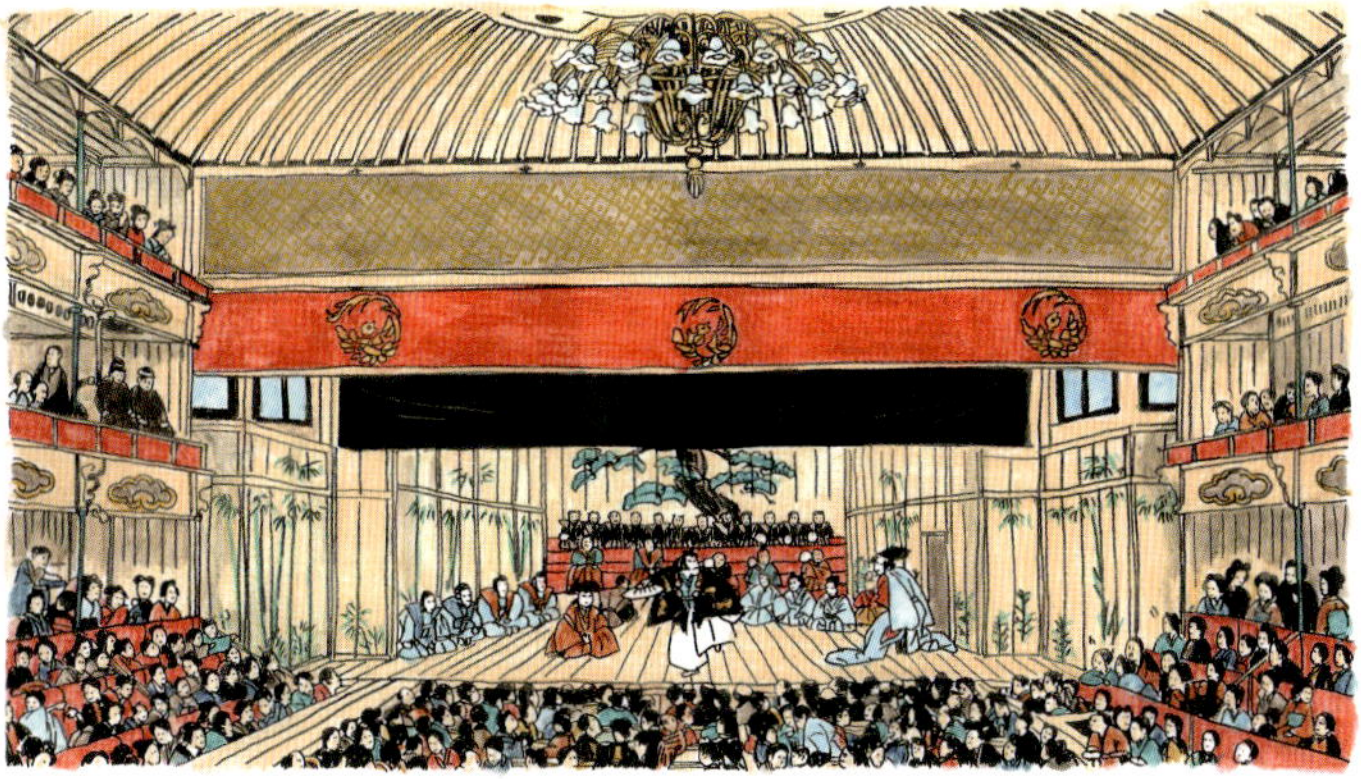

第一期の歌舞伎座は、外観は洋風で、天井にはシャンデリア。しかし、内部は檜造りで芝居小屋と同じ枡席だった。

場でした。外観は洋風で、天井にはシャンデリアが輝きますが、内部は檜《ひのき》造りの和風で、1階は芝居小屋と同じ桝席でした。演劇改良に熱心だった明治の名優・九代目市川團十郎は、時代考証を重視した「活歴」と呼ばれる新作歴史劇を盛んに上演しましたが、観客の評判は今ひとつ。新作に限界を感じた團十郎は晩年、『勧進帳』『助六』『暫』などお家芸の歌舞伎十八番や、『熊谷陣屋』など古典の名作を演じて、今日の基準となる型や演出を確立させて、歌舞伎古典化への道を開きました。

歌舞伎座は大正以降、昭和、平成と、震災や空襲などで三度の焼失を繰り返しながらも、建て直されます。1925（大正14）年に開場した第3期の歌舞伎座は、客席の大部分が椅子席となり、近代劇場に生まれ変わりました。その間に、歌舞伎は庶民の娯楽から、「世界無形文化遺産」として世界に誇る芸術へと飛躍しました。伝統と格式を守りながら、新作、新演出などさまざまな試みも行われ、歌舞伎は現代のエンタテインメントとして生き続けているのです。

外国人と歌舞伎の観劇に行ったときにタジタジにならないための

【想定問答集】

Q1 歌舞伎俳優は何人いるの？

現在、現役の歌舞伎俳優の数は302名（2019年、公益社団法人日本俳優協会所属の歌舞伎俳優）。そのうち名題俳優は191名。歌舞伎俳優の家系は、市川團十郎家、市川猿之助家、市川團蔵家、市川右團次家、市川左團次家、市川門之助家、市村羽左衛門家、坂東彦三郎家、河原崎権十郎家、中村歌右衛門家、中村梅玉家、中村鴈治郎家、坂田藤十郎家、中村雀右衛門家、大谷友右衛門家、中村吉右衛門家、中村歌六家、中村時蔵家、中村勘三郎家、中村富十郎家、守田勘弥家、坂東三津五郎家、坂東秀調家、松本幸四郎家などがあります。

Q2 どうすれば歌舞伎俳優になれるの？

歌舞伎の家に生まれて、子供の頃から芸を磨く「御曹司」。また、一般家庭出身でも子役の頃から幹部俳優の楽屋にあずけられ、鏡台を並べて行儀から芸まで俳優としての英才教育を受ける「部屋子」。一方で、国立劇場の養成所で、研修生として歌舞伎の基礎教育を受けて、2年間の研修終了後、幹部俳優に入門し、歌舞伎俳優になる方法もあります。この場合の応募資格は「中学校卒業（卒業見込みを含む）以上の男子で、原則として23歳以下の方」。いずれのケースでも、成長して一人前の俳優になるには、名題試験に合格する必要があります。

Q3 宙返りが凄すぎます！立廻りの人たちは俳優なの？

立廻りの場面で、主役から切られたり投げ飛ばされたりするときの宙返りのことを「とんぼを返る」といいます。歌舞伎の立廻りには、巧緻な技術と「タテ（殺陣）」の華麗な美しさ、その型の多様さなどで、ほかの伝統芸能にはない魅力がたっぷり。客席を大いに沸かせる見事なとんぼ返りをはじめ、立廻りは名題下俳優の重要な仕事のひとつです。また、タテをつける（立廻りを演出する）専門職を「立師《たてし》」といいます。名題下の中には、幹部俳優らが一目置くほどの専門職の名人がいます。戦後、活躍した名立師・坂東八重之助は、無形文化財に選定されて、国立劇場歌舞伎俳優養成の主任講師を務めながらも、あくまで名題下の身分にとどまり、大部屋に名札を掲げたそうです。また、馬の脚や猪なども名題下俳優が勤めています。

Q4

舞台袖で バッタバッタと板を 叩いているのは誰なの？

舞台上手《かみて》（客席から見て向かって右）の端、舞台ばな寄りに座り、役者の動きに合わせて、両手に持つ二本の附《つ》け木（白樫《しらかし》）を附け板（欅《けやき》）に打ちつけて音をたてる。この歌舞伎独特の演出を「ツケ」といい、ツケを打つ人を「ツケ打ち」といいます。ツケ打ちは大道具方の受け持ちです。

ツケの種類は大きく分けて2種類。ひとつは、動作や仕草を表現する現実音です。登場人物が物を落としたときの「カタ」という感じの軽い音や、駆け出したときの小刻みな「バタバタバタ」という音などがそう。ふたつ目は現実には音が発生しない型や力を強調します。一番よく聞くのが見得に合わせた「バッタリ」という音。幕切れの「打ち上げの見得」で細かく刻まれるツケは力強さの真骨頂、最高の見せ場です。また、さらにこれら2種類の打ち方を組み合わせて、人が争う「立廻り」にもツケが入ります。個々の俳優の動きや呼吸と一体化したツケを打つには、かなり高度な技術と経験が求められます。

後方から聞こえる
大きなかけ声！
Q5 いったい誰が、何と言ってるの？

初めて歌舞伎を観た人は、まず後方客席からの大きな声に驚きます。俳優が舞台の上で見得を切った瞬間などに、じつに絶妙な間で「○○屋！」「○代目！」と声がかかる。よく聞くと俳優の屋号や、代数です。これをかけるのが、「大向う」。江戸時代は、かけ声をかける芝居通の人々は舞台から一番離れた「向う桟敷」にいました。それで俳優や芝居の関係者は芝居通のことを尊敬の念をこめて「大向う」と呼ぶようになったそうです。現在、歌舞伎座では3階席や4階の一幕見席からかかっています。大向うは俳優を褒め称えると同時に、舞台を盛り上げる効果も。ちなみに、現在の「大向う」はスカウト制だとか…。誰でもできるわけではありません。

Q6 屋号って何ですか？

歌舞伎俳優にはそれぞれ「屋号」があり、観客からのかけ声も、屋号が用いられることが多いようです。屋号の由来は諸説ありますが、江戸時代の歌舞伎俳優は一般庶民より身分が低いとされていて、苗字を名のることが許されていなかったのです。そのため、商人などに倣って出身地や商い店の屋号を用いるようになったのではないか、といわれています。また、市川團十郎家の「成田屋」は屋号の始まりといわれており、これは初代團十郎が成田不動を信仰していたことに由来するようです。

Q7 えっ、ミドリ狂言ですか？

「見取《みどり》狂言」です。初演では何幕もあった長い作品を、再演以後、特定の幕だけを抜き出して、1日に種類の違う演目の名場面ばかりを「より取り見取り」並べて、変化に富んだ構成で観客を誘う上演形式のひとつ。江戸中期から始まりました。飽きずに観られるので初心者にお薦め。それに対して「通し狂言」は、序幕から大切《おおぎり》まで初演時あるいは原典どおり全幕を通して上演すること。近年は上演時間の関係上、全幕上演は不可能なので、物語の筋を通すという意味を含めて特に「通し狂言」と呼ぶ慣習が生まれました。物語を深く味わえます。一部だけ省略する場合は「半通し」。

Q8 歌舞伎俳優の化粧は、自分でするの？メークさんがいるの？

歌舞伎では、化粧をすることを「顔をする」といいます。メークさんはいません。歌舞伎俳優は自分自身で化粧をするのです。楽屋には、代々伝わる化粧前（鏡台）に、家の芸の役に扮した先祖代々の写真を飾っていたり、あるいは自身でこだわり誂えた蒔絵の化粧前だったり…それぞれの俳優の趣向がうかがえる専用の化粧前が置かれています。歌舞伎は化粧によってさまざまな人物を表現します。まずは顔全体を同じ地色で塗りつぶすことが基本。特に地肌の色はその人物の役柄を示します。歌舞伎俳優の役づくりは化粧から始まっているのです。

Q9 あの、忍者のような黒ずくめの人は誰ですか？

歌舞伎の舞台上では「黒は見えないもの」というお約束になっています。舞台上で俳優の補助をする役割を「後見《こうけん》」といいます。場面や作品によって紋付袴や裃など、さまざまな姿で登場しますが、全身黒い衣裳を身につけ、顔まで隠している後見は「黒《くろ》衣《ご》」です。黒衣は、役者に小道具を渡したり、使い終わったものを片付けたり、衣裳の着替えを手伝ったりと、俳優が演技をしやすいように動きます。黒衣は舞台で目立つと演技の妨げになるので、音を立てずにすばやく出てきて、俳優の後ろや衝立《ついたて》などの舞台装置の陰に隠れ、なるべく見えないように仕事をします。俳優と息が合わなければ舞台に支障をきたしてしまうので、たいていの場合は、補助される俳優の弟子が黒衣を勤めています。

Q10 歌舞伎俳優はどこでどのくらい練習するの？演出家はいるの？

歌舞伎公演は1興行で6～8本の演目を上演しますが、これらすべての演目の稽古が、なんと3～4日ほどで終わります。演出家はいません。多くは歌舞伎俳優自身が演出します。まず日を追うごとに「ツケ立《たて》」、「総ざらい」、「舞台稽古」という稽古が行われます。ツケ立は、劇場の稽古場で拵《こしら》えをせずに行う最もシンプルな立ち稽古。俳優全員と狂言作者、鳴り物が参加し、全体の流れをさらいます。

次の総ざらいは、ツケ打ちと「柝《き》」が入り、稽古場でほぼ舞台稽古と同じ稽古を一度さり行います。最後に拵えもして、本番通りに舞台稽古を行い、最終的な確認と調整をします。ほかの演劇では1演目に1ヶ月以上の稽古期間をかけるのが通常ですが、歌舞伎の場合、長い歴史の中で、演出、動きの手順ができ上がっているからこそ可能なこと。約1ヶ月前に俳優の元に台本が届き、俳優は各自で台詞を覚え、必要があれば先輩方から台詞の言い回しなど芸を教わって万全の状態で稽古に臨みます。歌舞伎の場合、稽古は皆の呼吸を合わせるための時間なのです。

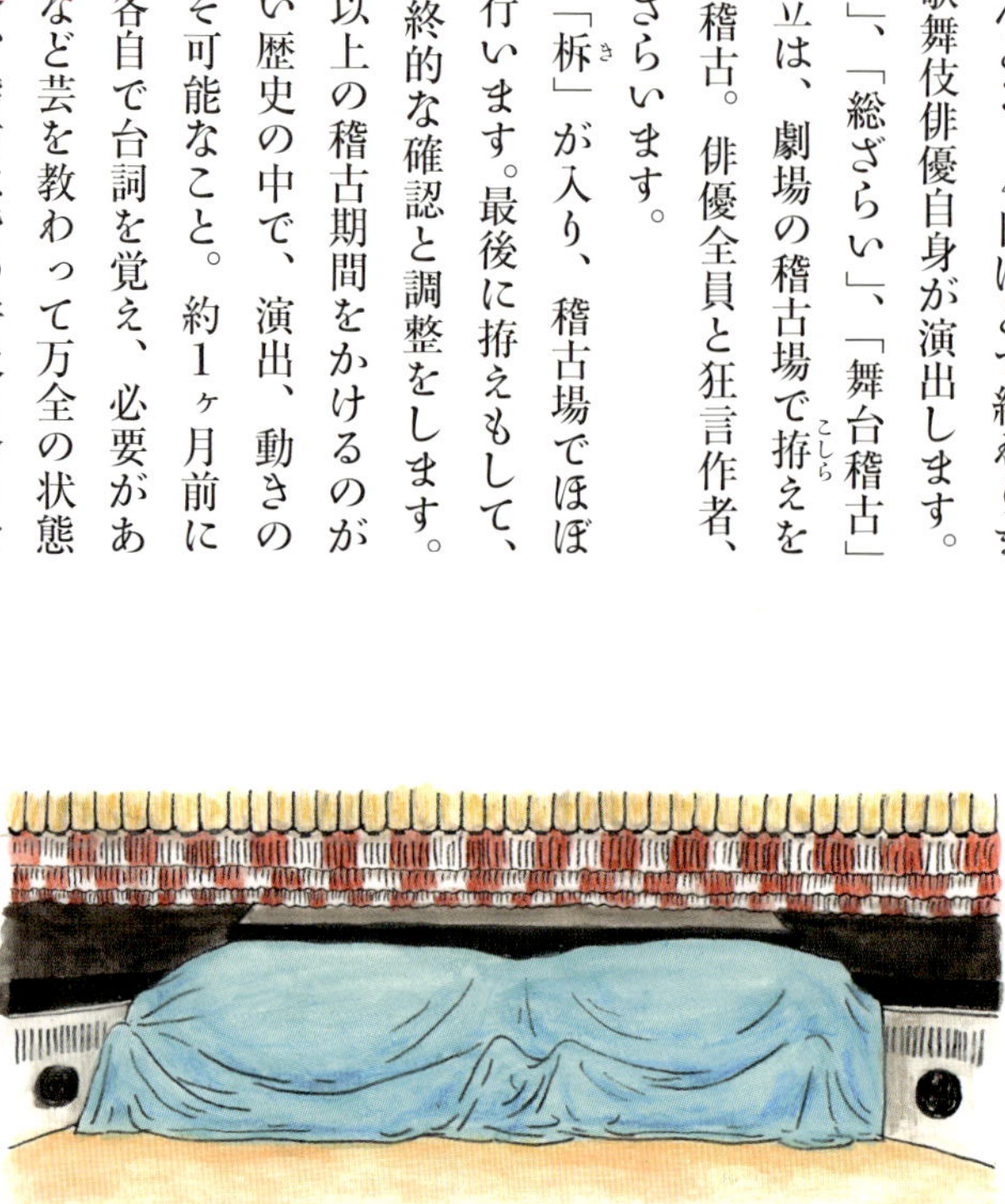

Q11 役者紋!? 俳優さんの浴衣の柄が気になります。

元禄時代、歌舞伎俳優のファッションは流行の最先端でした。家の芸を象徴する「定紋」に対し、手ぬぐいや浴衣などくだけた使い方をされることの多い「役者紋」は、それを身につけることで俳優個人への熱狂をも加速させました。江戸時代は奢侈《しゃし》禁止令で庶民が派手な着物を着ることは禁止されていましたが、中期を過ぎた頃には、歌舞伎俳優が舞台で着る縞模様が洒落着として人気を博します。三代目尾上菊五郎が『義経千本桜』で着て人気を呼んだ「菊五郎格子」柄は、四本と五本の縞を交互に描き「キ」と「呂」の字を配置して「キ九五呂」と読ませました。また、もともと男伊達が「火も水もいとわず身を捨てて弱き者を助ける」という心意気を宣言した意匠として身につけた「鎌輪《かまわ》ぬ文様」は、一時廃れていたのを七代目市川團十郎が舞台で着て復活。江戸っ子の心意気と、團十郎のおおらかな芸や勇壮な姿が相まって観客を魅了、爆発的な流行に。また、女形の風呂上がりの浴衣に似合うのは、四本縞の格子に鐶《かなわ》繋をあしらい「四つの鐶」で「芝カン」と読ませる初代中村芝翫の「芝翫縞」。俳優の名前と縞を合わせた粋で洒落たデザインは、今なお、舞台で生きています。

変幻自在

【歌舞伎座の舞台機構】

◆大《おお》ゼリ

建物などの大道具を組み立て、大道具全体を上下させるダイナミックな舞台転換に使う。たとえば大道具の1階の場面から屋根の上の場面に転換することもでき、早く場面転換する効果もある。建物自体が上下する様子は圧巻！

◆床《ゆか》

舞台の上手揚幕の上にあり、義太夫狂言で竹本が語る場所をさす。前面には御簾がつけられており、この御簾を巻き上げた状態で竹本の三味線・太夫が客席に顔を見せる語りは「出語り」といい、下ろされた状態での語りを「御簾内」と呼ぶ。

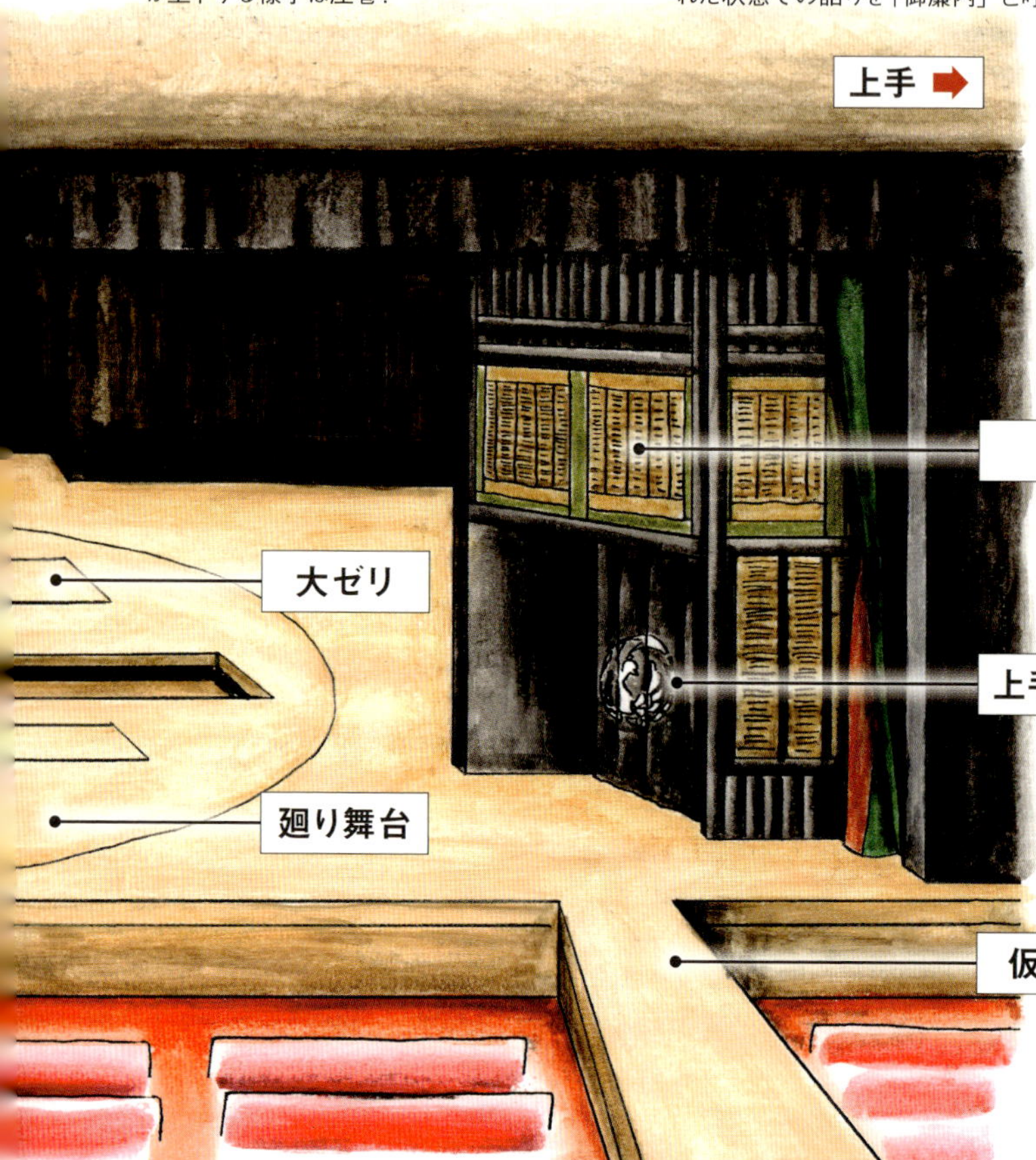

◆廻り舞台

1758（宝暦8）年に大坂の狂言作者・並木正三が発案した廻り舞台。舞台中央の床が大きく丸く切り取られており、前半分で芝居をしているときは、後ろ半分で次の場面の大道具が準備でき、180度回転させることで場面転換できる。ふたつの場面を交互に見せる場合にも効果的。

◆仮花道

演目によっては上手にも「仮花道」が設置される場合がある。通常は下手の花道のみ。

◆上手揚幕《かみてあげまく》

竹本の文楽廻しが設置されていないときは、床の下に「上手揚幕」がある。

◆上手《かみて》・下手《しもて》

客席から舞台を見て右手側が「上手」、左手側を「下手」という。目上の人や身分の高い人は上手、目下や身分の低い人が下手というように、立ち位置で登場人物の身分関係の上下が見えてくる。

◆松ゼリ・竹ゼリ・梅ゼリ

歌舞伎座の本舞台には、後方の大ゼリに加え、後方から松ゼリ、竹ゼリ、梅ゼリと、大小さまざまな「セリ」がある。

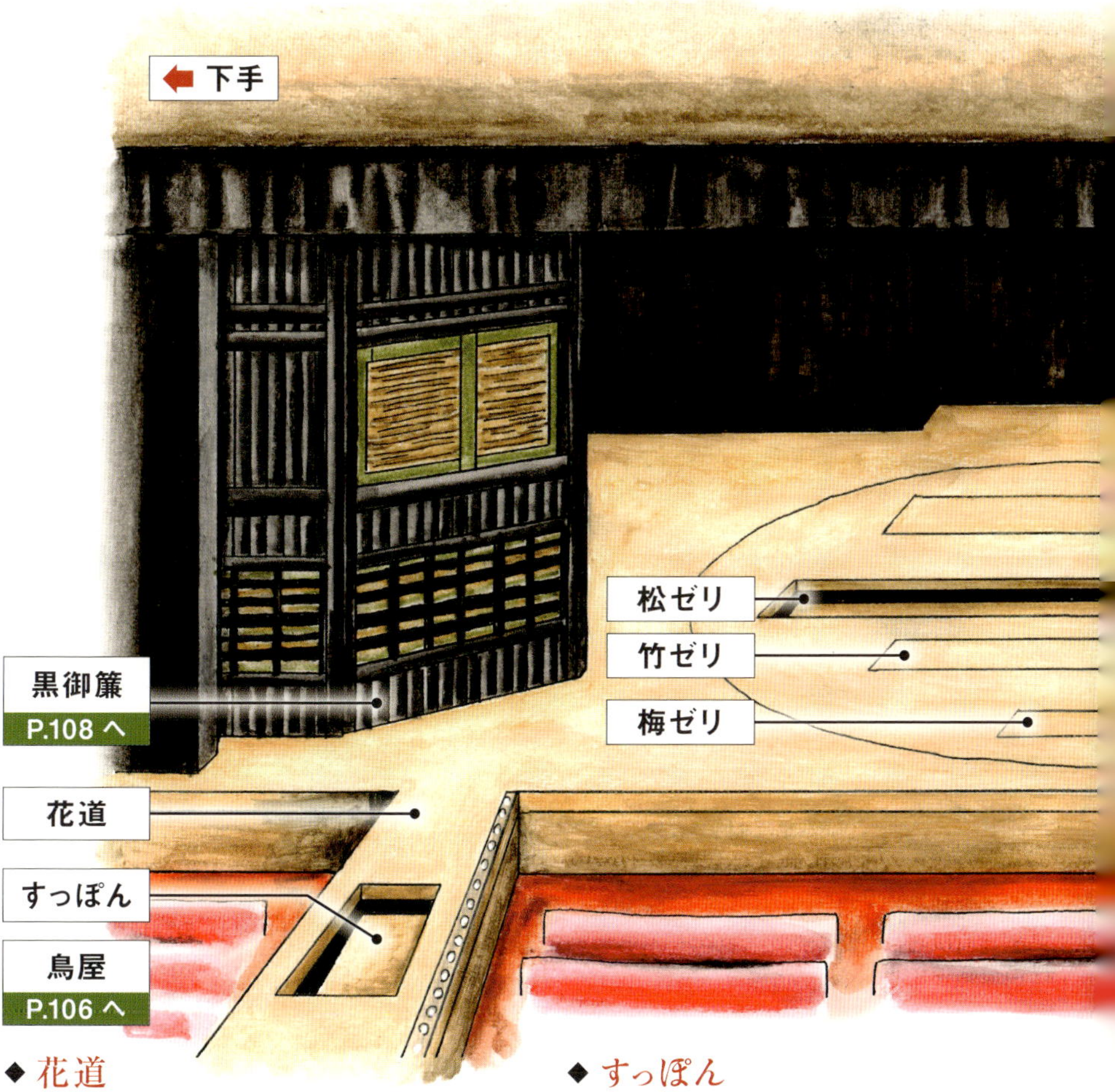

◆花道

本舞台の下手から客席に向って直角にのびる常設された通路を「本花道」という。おもに俳優の出入りに利用される。花道は、本舞台で演じられている場面に合わせて、道・廊下・海・川岸など、さまざまな場所に変化する。すっぽんのある辺りは花道七三といって、俳優が立ち止まったり、見得をしたり客席に向って強くアピールできる場所。

◆すっぽん

花道の舞台寄りの七三と呼ばれる場所にある小型のセリ。原則として幽霊・妖怪・動物の精や妖術使いなどの非現実的な役が登場するときや退場するときに使われる。すっぽんを使ってせり上がり、徐々に登場し、こつ然と現れたような印象を与える効果がある。その、すっぽんから煙を出し、怪しさをさらに増すこともある。

◆ 鳥屋揚幕《とやあげまく》

舞台から見て花道の突き当たりの鳥屋にかかる幕。揚幕は黒や紺地で、櫓紋と呼ばれる興行主の紋や劇場の定紋が染め抜かれている。幕についた金属の輪を鉄の棒を通して吊られているため、勢いよく開閉すると「チャリン」という音がして、これが出の合図にもなる。が、役や場面によって音の有無や開閉の早さが変えられる。

◆ 鳥屋

揚幕の奥にある、花道から出る俳優や、舟や駕籠などの乗り物が出番を待つ控え室のこと。非常に小さな部屋なため、「鳥小屋」を意味する「鳥屋」と呼ばれるようになった。鳥屋には鏡があり、俳優は自分の衣裳や鬘の具合、化粧などをここで最終チェック。早替りのときには、花道を引っ込んでここで扮装することもある。

歌舞伎の舞台機構はまるでワンダーランド！

400年の歴史を積み重ねてでき上がった歌舞伎の舞台機構には、観客を感動させるための工夫がふんだんに詰め込まれている。

たとえば、まるでメリーゴーラウンドのようにセットが廻りながらゆるやかに舞台転換する様子をそのまま観客に見せてしまう「廻り舞台」という大胆な仕掛け。これは江戸時代に生まれた歌舞伎独特の舞台機構だったが、明治以降は、海外の劇場にも取り入れられている。また、突如とし

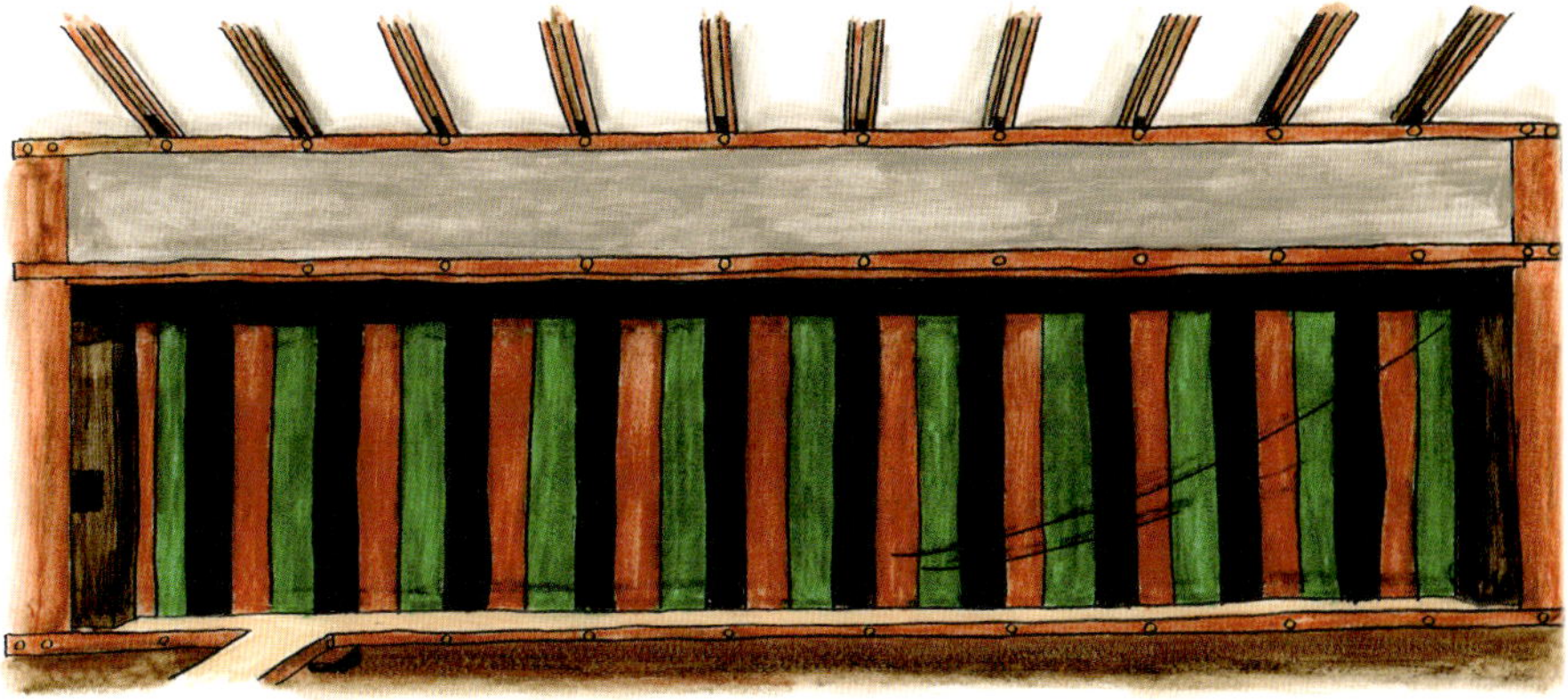

歌舞伎座

平成中村座

◆定式幕《じょうしきまく》

歌舞伎を上演する劇場に常設されている引幕のこと。3色の布を縫い合わせた歌舞伎を象徴するデザインだが、昔は江戸三座がそれぞれ違う配色だった。中村座は白・柿色・黒の三色。森田（守田）座は黒・萌葱色（濃い緑色）・柿色。市村座は黒・柿色・萌葱色。現在、歌舞伎座はじめほとんどの劇場が市村座の定式幕と同じ配色。国立劇場は森田座と同じで、平成中村座は中村座の配色に倣っている。幕は下手から上手に向かって徐々に開く。

て、妖怪や幽霊たちが姿を現す「すっぽん」。人物だけでなく巨大な屋敷をもダイナミックに上下させる「セリ」、役者と客席の距離感をグッと近づけてくれる「花道」など、歌舞伎には空間を変幻自在に演出できてしまう独特の舞台機構が備わっている。芝居によってさまざまに応用される舞台機構は、観るたびに驚きと発見がある。

　また、上手と下手、花道七三など、舞台における俳優の立ち位置など、お約束もあり、登場人物の関係を知る記号として知っておくと便利だし、ますます面白くなる。

◆黒御簾《くろみす》

オルゴール

3～6個のお茶碗型の仏具の鈴を台に取り付けている。チーンと夢幻的な音色で、蝶が飛ぶ様子や虫の音などの表現に使われる。

駅路《えきろ》

ドーナツ状の金属の輪を吊るした楽器で、宿場や街道の場面の囃子で使われる。馬の到着を告げる鈴の音を模した音。

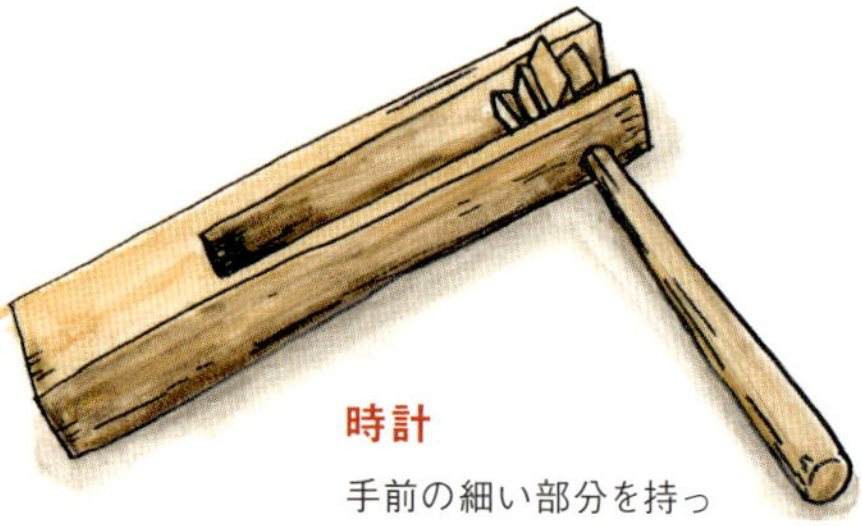

雨団扇

ビーズ玉をつけた糸をたくさん貼付けた団扇。振るとバラバラバラと、傘や障子に当る雨音のように聞こえる。

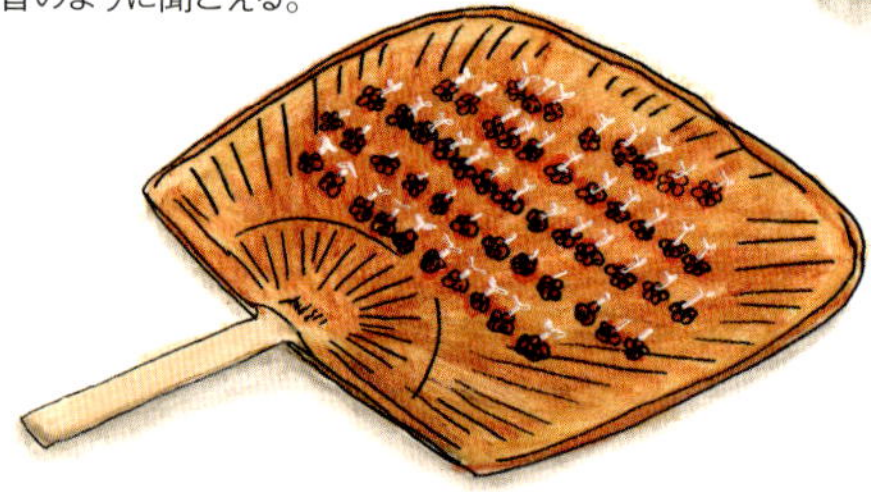

時計

手前の細い部分を持ってグルグル回すとギリギリギリ…と歯車の音がする。時計が貴重品だった時代の大名屋敷の場面などで使われる。

黒御簾は歌舞伎のオーケストラピット

歌舞伎の舞台はすべて生演奏。舞台下手にある黒い板で囲まれた小さな部屋があるが、これこそが歌舞伎座のオーケストラピットともいうべき、黒御簾である。また黒御簾の中で演奏する音楽を黒御簾音楽という。

舞台側の格子窓には黒い御簾がかかっていて、中から舞台や花道の進行状態を見ながら、演技のタイミングに合わせて、効果音としての太鼓や鼓などの楽器を演奏したり、舞台効果を高める「長唄」が

本釣鐘

寺院の釣鐘のミニチュア版で、時を告げる鐘を打つ。

長唄三味線

黒御簾で効果音として演奏される長唄の三味線。

締太鼓

直径約26㎝の締太鼓。

大太鼓

直径80～90㎝の大太鼓。雨や波を表す効果音などにも使用される。

歌われる。黒御簾での演奏は、唄と三味線と鳴物の他に、大太鼓や鉦、琴や尺八など、さまざまな楽器が加わる。その音楽は800曲以上あるといわれる。

お化けが出るときのヒュードロドロドロ～という鼓・笛・太鼓を使って表現する効果音も、実は歌舞伎の黒御簾音楽である。雨が降る場面、雪がしんしんと積もる音、波音、滝、雷などの自然現象も、大太鼓の桴や打ち方を変えることで、演奏し分ける。歌舞伎独自の手づくりの効果音楽器などもあり、馴れると音を聞くだけで状況が連想できるようになる。

知るとますます面白い！

【歌舞伎ならではの演出図鑑】

岩藤の亡霊が日傘をさして宙乗り

季節は桜の花の盛りの頃、『加《か》賀《が》見《み》山《やま》再《ごにちの》岩《いわ》藤《ふじ》』で岩藤の亡霊が、満開の桜（客席）を上空から愛でて「ハテ風情あるながめじゃなァ〜」と、気持よさそう！

※あらすじはP.160

ストーリーをさらに盛り上げる動きや仕掛け

歌舞伎を観ていると舞台美術や演技において独特の演出があることに気付くだろう。たとえば、芝居中にいきなり物語に関係ない役者がわらわらと出て来て、ゆっくりとした動作で無言で探り合う。これは「だんまり」という歌舞伎特有の演出。これぞ、役者の腕の見せ所なのだ。ほかにも宙乗り、見得、六方、幕切《まくぎれ》、差し出し、遠見、チャリ、ぶっかえりなど、知っておくとますます面白くなる歌舞伎ならではの演出を紹介しよう！

宙乗り

俳優の体をワイヤーロープで宙に吊り上げて、舞台の上や花道、客席の上を移動させて、空宙を飛行するさまを見せるケレン味溢れる演出「宙乗り」。「ふわふわ」ともいう。すでに江戸時代には行われていたものの、明治以降衰退していたが、1968(昭和43)年に三代目市川猿之助(現・二代目猿翁)が宙乗りを上演し、人気を博して以降、今ではさまざまな演目で、主に妖術使いや亡霊、動物の化身などの妖しい役で多く使われる。

源九郎狐が喜びに満ち溢れ ピョンピョン跳ねながら神通力で飛び去る!

『義経千本桜　川連法眼館』の幕切に行なわれる宙乗り。源九郎狐が神通力で敵を倒した後、義経からもらった両親にゆかりある鼓を持って喜びながら飛び去る様子を宙乗りで効果的に演出。手を軽く握り狐の素振りをみせる。

※あらすじは P.167

つづらから五右衛門が飛び出し、つづらを背負ったまま宙乗りに!

『石川五右衛門』の宙乗りは、空中のつづらから五右衛門が飛び出す「つづら抜け」が行われ、そのまま背負って宙乗りの大スペクタクル!

※あらすじは P.164

楽しくて仕方ない弥次さん、喜多さんがふわふわ〜。

『東海道中膝栗毛＜やじきた＞』で弥次郎兵衛と喜多八がふたりで仲良く宙乗り。観客を最高潮に湧かせてくれる。

※あらすじは P.165

『浮かれ心中』のチュウ乗り

花魁と茶番で心中するつもりが、本気にした花魁の恋人に刺されて命を失った栄次郎が、鼠に乗った(宙乗りならぬ)チュウ乗りで引っ込む。

※あらすじは P.159

見得

重要な場面や感情の高まりを表現するため、演技の途中で一瞬ポーズをつくり静止する歌舞伎特有の演出を見得という。見得の瞬間は「バァーッタリ」とツケが2回打たれる。江戸の賑やかな芝居小屋で観客の注目を集めるために生まれたもので、人物をクローズアップさせる効果もある。見得にはさまざまな種類があり、役や場面に合わせて演じられる。

「元禄見得」は、武勇の力を誇示したポーズ

『菅原伝授手習鑑　車引』梅王丸などに見る「元禄見得」。荒事の典型的な見得のひとつで、初代市川團十郎が工夫して生み出した。歌舞伎十八番『暫』鎌倉権五郎、『勧進帳』弁慶などにも見られる。

石投げの見得

『勧進帳』弁慶が行うことで有名な「石投げの見得」。右手で石つぶてを投げた直後の形で決まる見得。

有り余るエネルギーを感じる「柱巻きの見得」

建物の柱や、薙刀のような長いものに、手と足を巻きつける「柱巻きの見得」。怒り心頭に発した『鳴神』の鳴神上人などに見られる。

六方

片手を大きく振り、勢いよく足を踏み鳴らし、花道を力一杯走りながら引っ込む様子を象徴的に表現した「六方」。主に荒事の役が、右手と右足、左手を左足を同時に動かして歩き、手足の動きを誇張し、力強さと荒々しさを観客に強く印象付ける。

弁慶の「飛び六方」

関所で主君の義経を先に逃がし、弁慶が後を追いかける『勧進帳』のラストシーン。弁慶の急ぎっぷりがよく表わされている。

浅葱幕

舞台前面に吊り下げた鮮やかな浅葱色の幕。清元や長唄の演奏が響く中、浅葱幕が落ちると一瞬にして舞台転換！　たとえば『義経千本桜　落人』ならば、日の醒めるような吉野の風景が広がる。この浅葱幕を床に落とす「振落し」は舞台が見える状態にする演出。逆に「振りかぶせ」は天井から幕をかけて瞬間的に隠す演出となる。

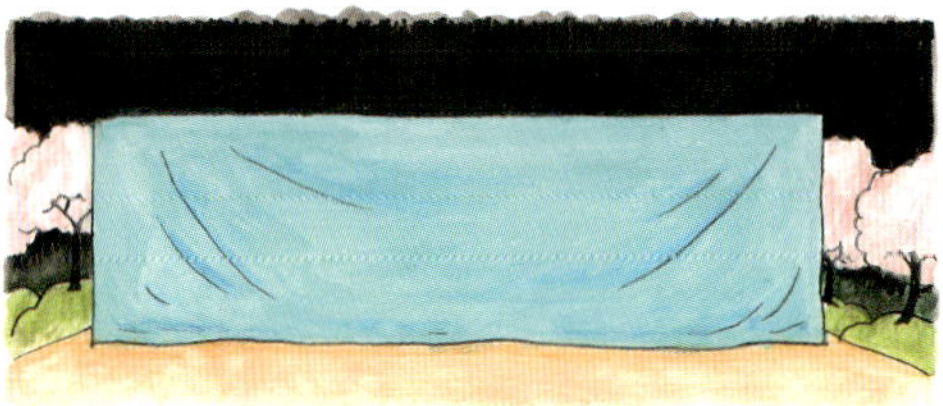

道具幕と消し幕

歌舞伎には、ほかに「道具幕」といって具体的な風景を描いた「浪幕」「山幕」、塀を描いた「網代幕」などもある。また、舞台上で殺された登場人物が引っ込むのを隠すときに利用する幕を「消し幕」という。武家社会を描いた「時代物」では緋毛氈を、庶民生活を描いた「世話物」では黒布が使われる。

幕切

芝居で一場面が終了する直前から、幕が閉まりきる瞬間までを「幕切」という。歌舞伎では場面の締めくくりを効果的に、観客の脳裏に強い印象を刻むため、演技や演出でいろいろな工夫を凝らす。代表的なものに絵面《えめん》の見得、三段を利用した幕切、幕外の引っ込みなどがある。

絵面の見得

複数の登場人物が同時に「見得」をした状態で、しかも全体の構図が絵のようにきまる見得を「絵面の見得」という。人間関係などを象徴的に観客に印象付ける。

三段を利用した幕切れ

時代物や舞踊劇の「幕切」では、緋毛氈に包まれた「三段」という階段を舞台中央で使用する場合があり、豪華で古風な印象。一座のトップ俳優の座頭が登る。立女形（女形のトップ）は二段を使用。

幕外の引っ込み

本舞台の幕が引かれた外側で、さらに俳優が花道に残って演技をして引っ込む演出。俳優が花道を徐々に引っ込むことで、余韻を残した幕切となる。

差し金

黒塗りの竹棒に、よくしなる棒状の素材と、さらにその先に蝶や小動物をつけて操る小道具。『鏡獅子』の蝶、『楼門五三桐』の鷹、そして狐火や人魂として使用する焼酎火の操作などにも使う。差し金を操るのは後見（演者の補助をする役）で、歌舞伎劇では黒衣が勤めるが、舞踊の場合は黒の紋付・袴。さらに歌舞伎十八番など様式性の強い演目では鬘と裃をつけた裃後見が操作する。

本当に生きているような蝶

『春興鏡獅子』の御小姓・弥生が手にした獅子頭のまわりを２匹の蝶がまるで生きているかのようにはらはらと舞う。

うっすらと俳優を照らし出す

『伽羅先代萩　床下』の仁木弾正がすっぽんから登場する場面。暗闇に差し出された蝋燭の明かりで妖しさが増す。

差し出し

江戸の芝居小屋で電気のない時代には、長い柄の先に四角い燭台をつけた棒で二人の後見が前後から差し出して、花道の俳優を照らした。別名、面明かりという。現代でも『伽羅先代萩　床下』の仁木弾正がすっぽんから登場するときなど、古風な演出に使用される。

だんまり

観客にはすべて見えているのに、登場人物たちはお互いが見えないという設定で、無言のまま互いを探り合う。これは歌舞伎独特の演技様式。「だんまり」という一寸先も見えない暗闇にどこからともなく、さまざまな役柄の人物が現れ、宝物などを奪い合うといった形がお決まり。互いに相手の着物や刀に触れてハッと手を引っ込めたり、ぶつかりそうになって身をかわしたり、手探りでゆっくりと動作をする様子が描かれる。

ゆったりと様式的な動きを見せる

長い芝居の中で、だんまりの場面だけは前後の物語と関係なく、多くの人物がいきなり舞台に登場することが認められている。元来、だんまりは「顔見世狂言」の一つの場面として演じられ、座頭や一座の人気役者をお客様に披露する趣向としていたことに由来する。

遠見

人物などが遠くにいるように見せるため、登場人物と同じ扮装をした子役を登場させる手法を遠見という。奥行のない歌舞伎の舞台上に無理やり遠近感を生み出してしまおうという斬新な発想。たとえば『恋飛脚大和往来　新口村』の道行で、父・孫右衛門が息子・忠兵衛と梅川が遠く去っていくのを見送る場面で、大人の歌舞伎俳優が演じていた人物が、遠くなると突然、扮装はそのままで遠見の可愛い子役に替わる。そっくり同じ恰好をさせた子役が、何食わぬ顔でその役を演じるという、なんとも歌舞伎らしい遊びのある楽しい演出方法。舟の遠見もあり、遠いときは小ぶりの舟が、近づくと突然大きな実物大の船が現れる。

子供や小さいもので遠近感をつくる

『恋飛脚大和往来　新口村』の道行で、大人の役者と同じ格好をした遠見の子役。ほっこりとする歌舞伎ならではの演出。

チャリ

滑稽な演技で笑いをとる道化役をチャリと呼び、また滑稽な場面をチャリ場という。たとえば『菅原伝授手習鑑　寺子屋』のような緊迫した物語の中にチャリが登場することで、観客はひと息つけて、風が通り抜けたように気分を一新させることができる。

クドキ

義太夫狂言の中で、三味線の音や浄瑠璃にのせて、舞踊に近い様式的な動きをしながら、女性が激しい胸の内を切々と訴える場面をクドキ（口説き）という。一般的に歌舞伎の主役は立役で、女形はやや下がったところに位置するが、クドキの場面においては、女形が堂々と正面切って秘めた思いを吐露する。ときに「エエ　お前はなア」といった前置きが付く。クドキが始まるきっかけと思って集中してみよう。

血糊

演技に使う血のこと。食紅に小麦粉や布海苔を混ぜてつくる。『仮名手本忠臣蔵』五段目で斧定九郎が撃たれて絶命する場面や、『東海道四谷怪談』のお岩が血を吐くなどで特に印象的に使われる。極薄のゴム製の袋に血糊を詰めて口に含んでおき、血を吐くときに噛み切る。

笑いを誘うチャリ、よだれくり与太郎

『菅原伝授手習鑑　寺子屋』で身をやつした菅秀才が、子供たちと机を並べて手習いする中、ひときわ大きく、いい年をした「よだれくり与太郎」が「へのへのもへじ」を書いて笑いを誘う。

女形の見せ所

『伽羅先代萩』政岡は、主君を守るために死んだ幼い息子に対する思いをクドキで切々と訴える。

白塗りに赤い血が映える

『仮名手本忠臣蔵』五段目の斧定九郎。口から真っ赤な血を吐いて、真っ白なヒザを赤く染める。血は太ももに落ちるように吐く。

海老反り

片手あるいは両手をかざして、身体を後ろに反り、相手の威力に圧倒される様子を様式的に表現した演技を「海老反り」という。立廻りや殺し場、舞踊の中で多く見られるが、特に女方の海老反りが美しい。『積恋雪関扉《つもるこいゆきのせきのと》』小町桜の精、『鷺娘』、『籠釣瓶花街酔醒』の八ツ橋のラストシーンなどに見られる。

絶命のピンチ!

『積恋雪関扉』の小町桜の精が大伴黒主と戦う場面で見られる美しい海老反り。
※あらすじは P.164

ぶっかえり

衣裳を一瞬にして替える引抜の一種。人物が仮の姿から本性を顕わしたり、妖怪変化が正体を顕わすとき、姿や内面の大きさな変化を視覚的に見せる手法。衣裳全体ではなく上半分を仮に縫っていた糸を抜いて、ほどけた部分を腰から下に垂らして衣裳を替える。

正体を顕して、ぶっかえり!

『積恋雪関扉』で墨染が桜の精の本性を顕したとき、幕引きに二段にのってぶっかえり。

変化を視覚的にも表現

『鬼一法眼三略巻』では、作り阿呆の一条大蔵卿が本性を顕したことを印象づけるためにぶっかえりで演出。
※あらすじは P.161

雪

雪を降らせる場合、舞台の上部に吊られた「雪籠」に四角く切った白い和紙を入れておき、籠から舞台袖まで伸びた紐を引き、その引き具合で籠の揺れ方が変わり雪の量が調整できる。床に「雪布」という白い地絣を敷けば雪が積もった状態に。また、布を巻いた撥で大太鼓を「ドンドン」と叩くやわらかい音は雪が降り積る感が増す。

黒衣ならぬ「雪衣」

雪がしんしんと降る『三人吉三』のラストシーン。雪の場面に黒衣がいるとかえって目立つので、白い衣裳に替えることがある。これを黒衣ならぬ、雪衣《ゆきご》という。

※あらすじは P.162

桜の花びらで鼠の絵を描く雪姫

『祇園祭礼信仰記 金閣寺』などでは、雪と同じ雪籠の仕掛けを利用して桜の花びらを降らせることもある。

※あらすじは P.161

食べ物

『髪結新三』の新三が、初物好きの江戸っ子らしく初鰹を買う。そこに登場する小道具の初鰹が拍手ものだ。魚屋が手際よく捌き、鰹のエラ辺りに包丁を入れると頭がとれて、胴は半身に分かれ、片側にはちゃんと骨もついている。一方、『直侍』の直次郎は、実際に舞台上で本物の蕎麦を食べ、刺身は羊羹で代用。食べ物に注目して観るのも面白い。

本物の蕎麦を舞台上で食べる

『直侍』の片岡直次郎は、舞台上で本物の蕎麦を食べる。ちなみに舞台上で消費される小道具のことを「消えもの」という。

※あらすじは P.167

三枚におろせる和紙のカツオ

『髪結新三』の小道具の初鰹に注目。和紙を重ねてつくるそうだが、表面は鰹らしく銀色に輝いていて超リアル。

※あらすじは P.165

動物

歌舞伎の演目の中には猪、牛、虎、狐、雀、ニワトリ、小さな鼠、大きな鼠、蝦蟇など、さまざまな動物が登場し、それぞれが重要な役割を担っていたりする。小ぶりなものは小道具として扱われ、大きなものは役者が着ぐるみに入って演じている。

鳥籠の雀を羨むほどお腹ペコペコ

『伽羅先代萩』の鶴千代君と千松は、雀の鳥籠を前に「アレアレ乳母、雀の親が子に何か食わしよる、おれもあの様に早う、飯《まま》が食べたい」と、政岡に飯をせがむ。のちに死んでしまう千松の雀の歌がたまらなく切ない。

羽ばたける、リアルなニワトリ

『菅原伝授手習鑑　道明寺』で悪人の陰謀に利用されて、舟代わりの箱の蓋にのせて池に浮かべられる鶏。死体に反応して夜明け前に鳴くが、鳴くときには、羽ばたける仕掛けになっている。

走り去るだけの愛嬌ある猪

『仮名手本忠臣蔵』五段目の斧定九郎が勘平に撃たれる場面で、揚げ幕から出て、花道と舞台を走り抜けていくだけの猪。中には人が一人入っており、前足は作り物でぶらぶらしている。

前脚・後ろ脚、二人がかりで操る馬

『一谷嫩軍記』の白馬と『実盛物語』などに登場する黒毛の馬。馬の中では前脚役と後ろ脚役の二人が息を合わせて操る。

※あらすじは P.75, P.162

桜の花びらで描いた鼠が本当に現れて…

『祇園祭礼信仰記　金閣寺』では、縛られた雪姫が桜の花びらを集め、つま先で鼠の絵を描くと、黒衣が差し金で操るほぼ原寸大の鼠が現れて縄を噛み切ってくれる。

知っておくと便利な【歌舞伎の記号】

一、化粧　顔の色で分かる?!　歌舞伎のキャラ

歌舞伎の化粧は俳優自身が自分で行う。「顔のまずい役者はよくならない」とは、俳優に言い伝えられてきた言葉である。これは単純にきれいに化粧ができるという意味ではなく、役柄に合った顔を的確につくれなければならないという意味。歌舞伎は化粧によってさまざまな人物の性質を表す。

化粧することを「顔をする」という。まず、地肌の色はその人物の役柄を表す。歌舞伎の化粧は、顔全体を同じ地色で塗りつぶす。色の濃淡で陰影を付けたりはせず、浮世絵のように白粉を顔一面に均一に塗る。いわゆる白塗りだ。日本には古来より顔を白く塗る伝統があるが、歌舞伎では、基本的に白い顔は神に選ばれし者の証、善人や高貴な人であることを示す。その上から眉や目元の化粧、口紅、頬紅や髭などを描いてゆく。色白は昔から美人の条件だし、陽の下で労働することのない上流階級の身分であることを表している。真っ白に近ければ近いほど、高貴で善の度合いが高い。ただし、極悪人でも高貴な生まれの人物は白塗りである。顔の色が茶色系の肌色ならば、侍や町人、あるいは悪人

むきみ隈

若々しく正義感の強い助六などに使われる隈。

女形の白塗り

まるで浮世絵から抜け出てきたかのような白塗り。

であることを表す。茶系の化粧には「砥《と》の粉《こ》」と呼ばれる粉が使われる。つまり、登場人物の顔色を見ればどういう人物なのかがおよそ見当がつくということだ。

赤と黒の使い方も歌舞伎ならではの特徴がある。口紅や頬紅のほか、「目張《めは》り」と呼ばれる目元の化粧や、「隈取」にも赤は使用される。黒は眉や目張り、立役の口などに使われ、顔のアクセント的な要素としても使われる。青（藍色）は清々しさや清潔感という明るいイメージと、蒼ざめるなどの暗いイメージもある。武士の月代《さかやき》や髭剃り跡にも青が使われ、男らしさや若さを印象づける。

さて、歌舞伎の象徴する化粧法の隈取は、元禄時代からさまざまな俳優が工夫を凝らしてきた。隈取が使われるのは主に時代物の演目。その柄は50通りほどあって、演目によっても一つひとつ違う。もともとは顔の筋肉や血管を強調した化粧法で、人物の役割や感情を表現する。紅隈（赤）は血の滾《たぎ》りを表し、勇ましい正義のヒーローに。藍隈（青）は不気味な印象で冷酷さと悪を意味し、悪役に用いられる。また茶色（代赫色）は、鬼や妖怪など人間ではない役に使われる。隈は「描く」のではなく「取る」と表現され、遠くから見てもはっきり分かるように筋は指でのばす。また場面によって変えたり、俳優の顔立ちや顔の大きさによって太くしたり細くしたり、アレンジされる。白、赤、黒、青の4色を基本とする隈取は、まるで記号のように登場人物の役柄がひと目で分かるようになっている。

土蜘《つちぐも》の隈

鬼や妖怪など人間ではない役には茶色の隈取。

時平の隈

藍色で隈を取ると、不気味で冷たい印象が醸し出される。

筋隈

正義の荒武者役は紅色のぼかしで筋肉や血管を強調。

二、鬘　髪型や髪飾りで見えてくる役柄

歌舞伎の鬘は、役者の頭や顔かたち、役柄や芸風などに合わせて公演ごとにつくられており、鬘師と呼ばれる専門の職人と、髪を結い上げる床山が分業で仕事する。鬘の土台は銅板でできていて、鬘師が銅板を顔に合わせて切り出して頭の形に合わせて整え、そこに毛を植え込む作業を行う。その生え際をくりというが、くりの形と毛の生え方で登場人物の性格がほぼ決まるという。若い娘ならば生え際が生き生きとしていて額は狭く、年をとると生え際が後退して密度は低くなる。また、額の真ん中にある尖った部分をかりがねというが、若い娘なら柔らかくなだらかで、敵役や年増の女はくっきりと強く見せる。恵まれた生活をしている人は髪に艶があり、身をやつした人は生え際もまばらで乱れている。こうして、細部にこだわってつくられた土台を受け取ると、床山が役の髪型に結い上げてゆく、いわば連携プレイ。

江戸時代の人々の髪型は、身分や年齢、職業によってある程度の決まりがあった。歌舞伎の鬘は、当時の人々の髪型をもとに、その役の身分や性格によって使い分けられる。役ごとに細かな決まりがあって、「役柄の数だけ髪の形がある」とも言われている。立役の鬘が約1000種、女形で

前髪は少年の印

立役で前髪があるのは元服前の若者の目印、役の年齢が分かる。

インパクトで勝負！

鬢の毛を棒のように固めて形をつくり、ピンと張り出した「車鬢」。『暫』の鎌倉権五郎景政などに用いる、力の強さを表した髪型。

伸び放題の「百日」

『楼門五三桐』の五右衛門など凄みのある盗賊で使われる「百日」。
※あらすじは P.162

約400種。時代考証に沿ったものもあるが、たとえば「車鬢」のような、現実にはありえないような破天荒でインパクトのある髪型など、歌舞伎ならではのさまざまなヘアスタイルが生み出されてきた。鬘の形を見ることで、およその役柄が分かる。たとえば、立役で前髪があるのは元服前の若者の目印で、おのずと年齢が見えてくる。月代を百日間剃らなければこうなるだろうという状態を表した爆発的な髪型「百日」は、役の強さや恐ろしさを表す。

女形の鬘も形や髪飾りの意味を知れば、既婚か独身か、裕福な境遇であるかなどのサインが読み取れる。武家女房や御殿女中は「片はずし」、お姫様は「吹輪」が定型。銀色のすすきの簪を挿していたら田舎娘で、緑色の着物を着ていることが多い。それから、女形が額に小さな紫色の布をつけていることがあるが、これは「紫の帽子」。昔の鬘は、今より単純なつくりで、額の生え際の見栄えがよくなかった。その難点を隠すために布をつけていたのだが、今や鬘の技術も高まり、生え際もきれいにつくれるようになり、そうした布はもう必要ないけれど、〝これは古い時代のお芝居ですよ〟というサインとして様式的に残っているのである。

すすきの簪は田舎娘

『妹背山婦女庭訓』のお三輪など、田舎娘の目印は銀色のすすきの簪。

姫の華やかな髪飾り

お姫様の鬘は「吹輪」が定型。

「片はずし」は御殿女中

武家女房や御殿女中の髪型は「片はずし」。『伽羅先代萩』の政岡などで用いる。

時代物の目印

「紫の帽子」は古い時代のお芝居だということのサイン。

三、衣裳　登場人物を代弁する意匠

歌舞伎は江戸時代に育った芸能なので、世話物の衣裳は当時の人々が着ていたものが基本となるが、時代物の衣裳は、登場人物の性格を強調するものとなっている。たとえば、荒事の衣裳は力強く、デフォルメして役柄を分かりやすく伝える工夫が見られる。華やかで斬新なデザインの傾城の裲襠、威厳と品格を表す武士の裃、すっきりと粋な町人の半纏や浴衣など、着物を着た所作も含めて、生きた服飾風俗を垣間見られる。

また、歌舞伎の衣裳は、色や柄で登場人物の人柄や職業を代弁する。たとえば、緑色の着物を着ている人は、男性も女性もちょっとおっちょこちょいで、ずる賢こかったり、ひとクセあるような役柄。また薄納戸（薄いブルー）は若衆の色で、子供ではないけれどまだ大人になっていない若者や、やわらかい雰囲気の優男などに用いられる。大店の若旦那は薄納戸の縞の着物と羽織。特に世間知らずのお坊ちゃまは、襟を抜いて、クビの後ろをこぶしひとつくらいあけて着付けする。また、男性があぐらをかいて、立て膝をついたときにチラリと見える下帯にも、実は色の違いがある。ふんどしは白いさらしでつくるのが基本だが、歌舞伎では黒や鼠色の下帯が登場する。これは悪い男やずるい男であることを示し、汚れているという意味が込められている。

この演目のこの役柄にはこの衣裳という、およその約束事があり、基本的にはそれに従ってはいるが、俳優本人や代々家に伝わる好みを繁栄した場合も少なくない。歌舞伎に登場するお姫様は「赤姫」といって、鮮やかな赤地にさまざまな模様を刺繍した衣裳を着ているが、同じ役の衣裳でも吉右衛門劇団系では流れ水の源氏車で、菊五郎劇団は菊の花がたくさんついているなど、家によって微妙に柄が異なる。

中には「石持《こくもち》」「肩入《かたいれ》」「雪持《ゆきもち》」のように、具体的に役の境遇や心理を表すものもある。紋付の家紋が入る部分が、白丸の空白になっている衣裳は「石持」といい、何の家柄もないことを表し、浪人やその女房、あるいは身分を隠している役に使われる。肩から胸にかけて別布を使ったつぎはぎ感のある衣裳を「肩入」といい、浪人や落ちぶれた姿を表す。着物の肩や胸の部分が傷んでも新調できず、別布をあてて着続けているという貧しさを示し、独特の美しさと色気がある。衣裳の柄で、雪の重みにひたすら耐える松や笹を描いた「雪持」は、本心を隠し、じっと耐え抜いている心を表す。『菅原伝授手習鑑　寺子屋』の松王丸は雪持松の衣裳、『伽羅先代萩　竹の間』の乳・母政岡は雪持笹の裲襠で、どちらも繊細な刺繍で彩られた豪華な衣裳である。こうした記号を覚えておけば、役を読み解く手がかりになる。

赤い着物はお姫様！

お姫様が着る衣裳。赤地に施した刺繍の柄が家によって微妙に違う。

四、小道具　こだわりある小道具は美術品級

歌舞伎の道具類は、俳優が持つもの、身につけるもの、触れるものは小道具、それ以外は大道具の受け持ちとなっている。たとえば、同じ制札（禁令・法令などを記した立て札）でも、『京鹿子娘道成寺』でただ立てているものは大道具さんの係。『熊谷陣屋』のように俳優が見得を切るときに手に持つ制札は小道具さんの仕事となる。小道具さんは芝居に必要なものは何でも器用につくってしまう。面白いところでは世話物の長屋の障子の破れ具合。夫婦喧嘩をして屏風を投げたらどこに当たるか…などと辻褄が合いそうな場所を想定して障子を破る。そのこだわった破れ具合も小道具さんのプロの技である。さらに、同演目の道具でも家によって異なることがあり、たとえば、『魚屋宗五郎』（※あらすじはP.163）で小道具として使う一升樽の呑み口の長さや形、『勧進帳』で弁慶が読み上げる巻物〝一巻〟の裏地などには、家ごとに代々受け継がれている道具の形があるため、それらを詳細に把握していなければならない。さらに、歌舞伎十八番の『毛抜』は、元々成田屋の芝居なので粂寺弾正が使う大小（刀）の鞘には三升の紋があしらわれているが、鞘の表面には螺鈿を使った花の装飾が施されている。歌舞伎の小道具には、さりげないところに美術品級の美とこだわりがあり、それが芝居により厚みをもたせるのだ。

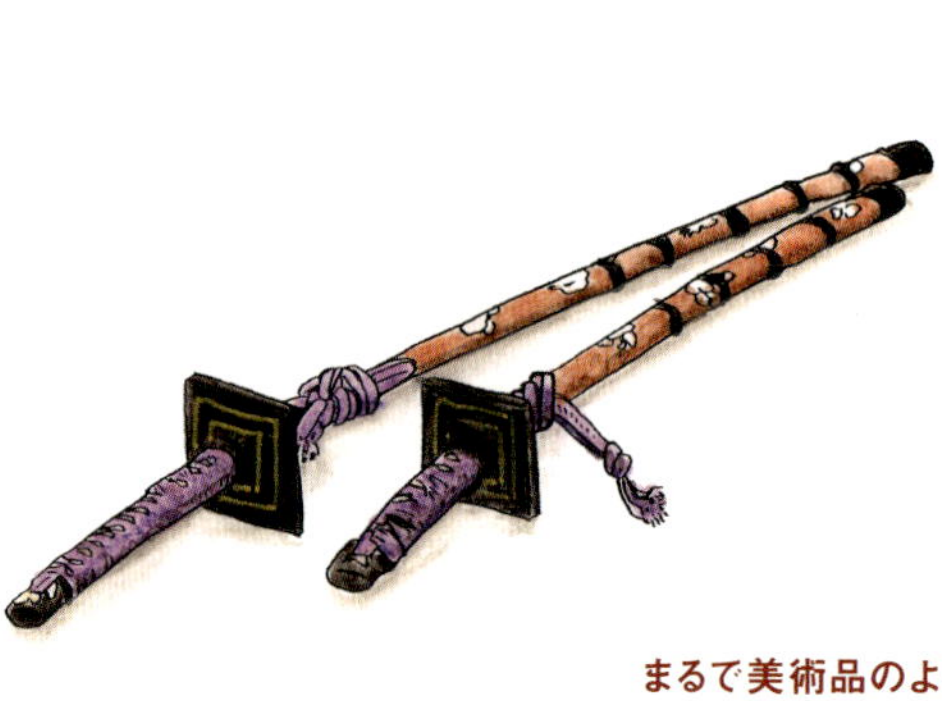

まるで美術品のような鞘

『毛抜』で粂寺弾正が使う大小。

五、大道具　第一に演じ手のための心配り

舞台装置のうち、山、川、海、野原などの背景や、建物や木、岩などの大掛かりなものを大道具といい、大道具を制作したり、舞台に設置したり片付けたりする人のことを大道具方という。そもそも、歌舞伎の大道具方の祖は日本橋の宮大工の息子で、江戸歌舞伎の17世紀半ばに大工職として独立した。享保年間（１７１６〜３６年）には歌舞伎の大道具技術の開発に全力を注いで、江戸三座すべての道具を受け持つようになる。今なお長谷川勘兵衛という名前は十七世として引き継がれ、大道具方の第一人者として執り仕切っている。まず、大道具は50分の1に描いた舞台装置の絵を基にして、図面を起こし、大工と絵師によってつくられる。廻り舞台やセリなどの舞台装置も大道具の一部で、場面転換で大道具のしまい方や転換の仕方を見せ場とする演出があり、ここは腕の見せ所だ。裁着袴《たっつけばかま》の大道具さんの見事な手捌きはいつ見ても感心する。さて、どんなに俳優がいい演技をしても、背景画や衣裳、小道具などどれかひとつが調和を欠いていては感動は生み出せない。だから、背景にある土手の色ひとつとっても、俳優の年齢や衣裳の色や演じ方によって微妙に色を変えることもある。そうした役者への繊細な心配りを第一に、俳優に寄り添いながら、芝居の空気感はつくられてゆく。

舞台中央に流れる川

川面を動く布で表現した『妹背山婦女庭訓　吉野川』は大道具に注目の演目だ。

歌舞伎の殿堂へ

さあ、歌舞伎座に行こう！

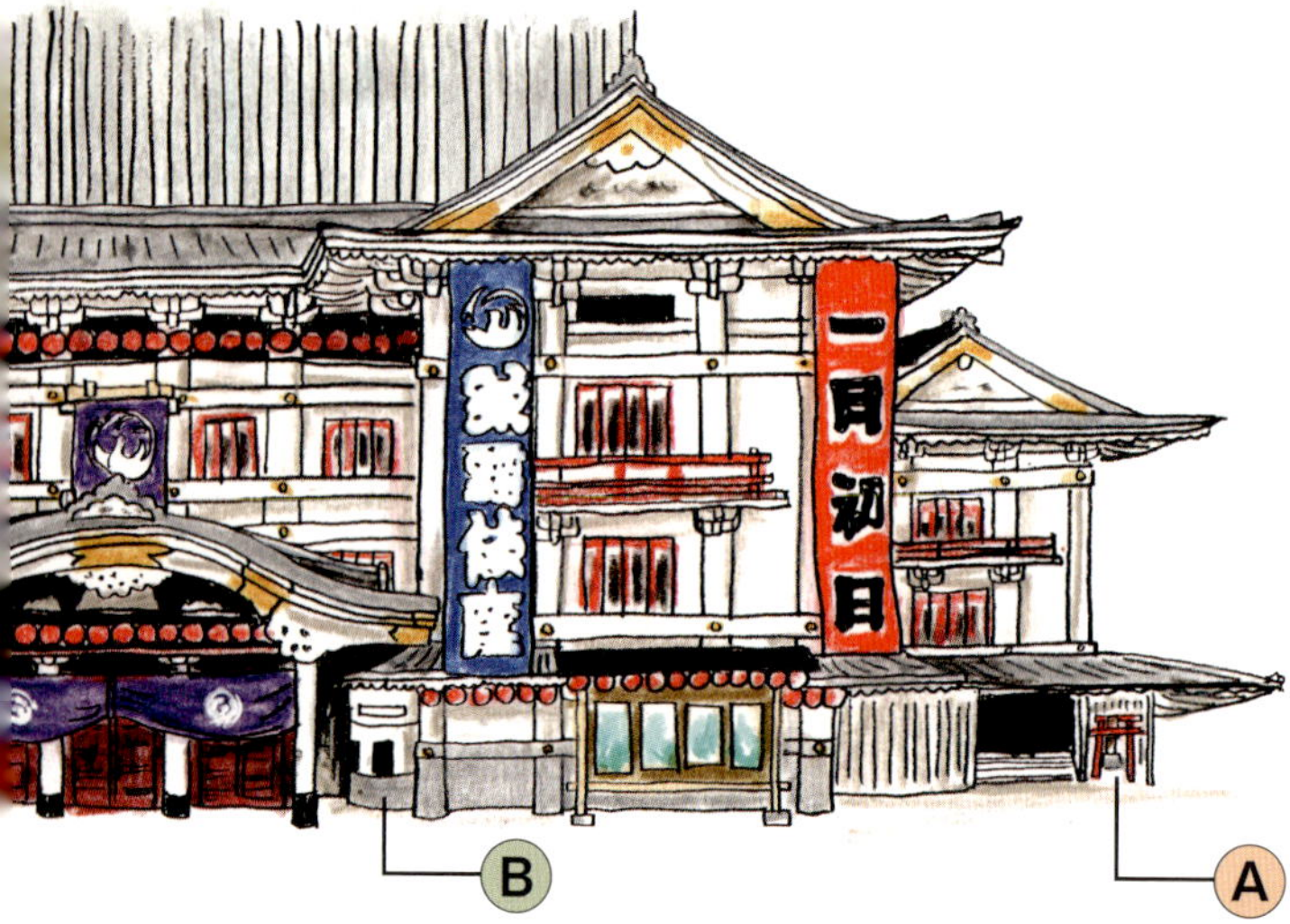

歌舞伎を観る前の便利な情報をお教えします！

歌舞伎デビューするなら、歌舞伎の殿堂であり、独特な雰囲気を味わえる歌舞伎座に足を運んでほしい。歌舞伎座に行けば、毎月2日ごろから26日ごろまで、ほぼ毎日歌舞伎が観られる。昼の部は11時～、夜の部は16時半～（変更の場合有）。演目や配役、上演時間の詳細を知るには、歌舞伎公式ウェブサイト「歌舞伎美人」が断然便利だ。

チケットはチケットホン松竹やチケットWeb松竹などで購入するのが一般的だが、お目当ての歌舞伎俳優がいる

まずは、筋書を買うべし

歌舞伎のパンフレットを筋書《すじがき》と呼ぶ。上演演目の解説・見所紹介、主演俳優のコメント、過去の上演記録などが役に立つ。月前半は芝居絵だが、後半になると舞台写真が掲載される（通常月は1,300円）。

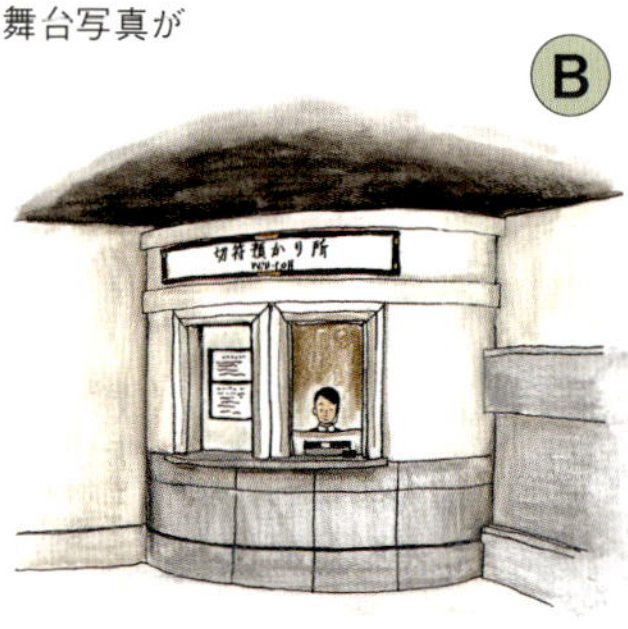

これは便利！　切符預かり所

歌舞伎座正面入り口の右側にある「切符預かり所」。友人との待ち合わせに遅れた場合など、預かり専用封筒に名前と必要事項を書いて渡しておけば、受取人に渡してくれる。

A

歌舞伎を見守る「お稲荷さん」

歌舞伎座に直結する東銀座駅のエスカレーターを上った辺りに鎮座するお稲荷さん。初日と千穐楽には歌舞伎俳優や劇場関係者が安全祈願する姿も見られる。

昔ながらの風情を残す隈研吾設計の歌舞伎座

1889（明治 22）年に開場した歌舞伎座は、火災や戦災に遭うなどの変換を経て 、現在の歌舞伎座で5代目。2013（平成 25）年に開場した。建築家は隈研吾。

C

なら、後援会に入会（会費有）すると公演情報も早く、チケットを早めに予約できる。歌舞伎で一般的によい席と言われるのは「とちり」の席。つまり（昔は数字でなく「いろは」順だった）前から7〜9列目ということ。また、歌舞伎通が幾度となく通う3階席や、好きな幕だけを気軽に鑑賞できる4階一幕見席から見下ろす眺めも圧巻だ。初めて観る演目はイヤホンガイドが強い味方になってくれるはず。英語の解説（字幕ガイド）も用意されている。

C

好きな幕だけを気軽に鑑賞できる一幕見席

歌舞伎座1階正面玄関の左側にある幕見チケット売り場（当日券のみ）定員は椅子席が約 90 名、立見約 60 名。開演 20 分前から順番に番号の呼び出しがあり、幕見用エレベーターで4階へ。

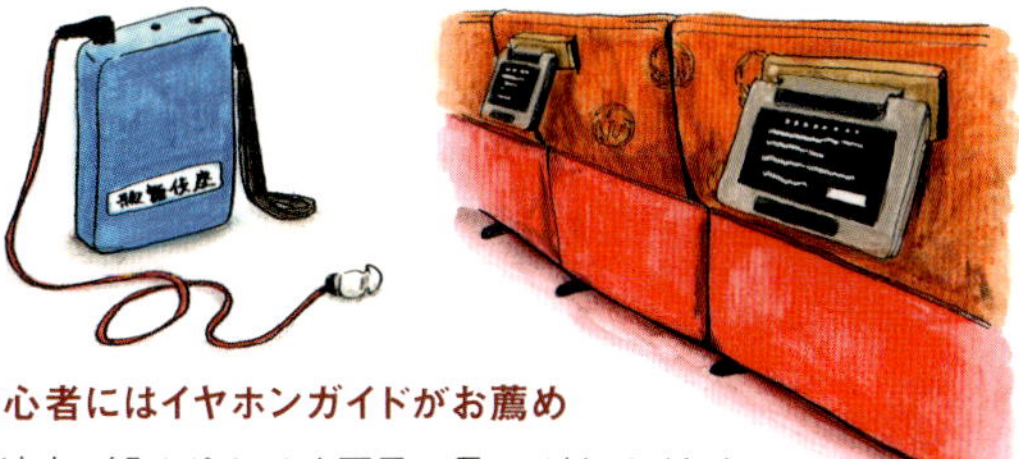

初心者にはイヤホンガイドがお薦め

上演中、観るポイントを耳元で囁いてくれるイヤホンガイド（日本語のみ）は場内外の貸出しカウンターで。使用料 700 円（保証金 1,000 円）。英語チャンネルもある字幕ガイドは場内の貸出しカウンターでゲット。使用料 1,000 円（※幕見専用料金有）。

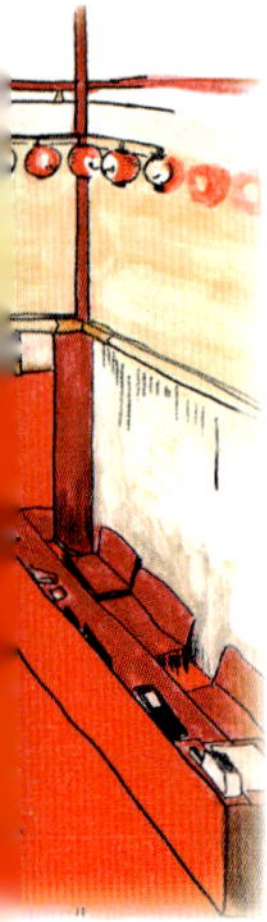

落ち着いた雰囲気の喫茶室 檜

歌舞伎座1階にある「喫茶室 檜」では、幕間に珈琲や軽食がとれる。混み合うので開場時に席を予約しておこう。喫茶室の奥には専用の化粧室があるので便利。

幕間の上手な過ごし方

歌舞伎座の正面玄関を入ってすぐのところに広がるのが「大間」と呼ばれる吹き抜けのロビー。ふかふかの絨毯の感触、濃朱の柱…。この空間こそ、歌舞伎という別世界に行くためのアプローチである。特に初日は華やかで、大間には歌舞伎俳優の奥様方が観客をお迎えする姿もあり、着物姿のご婦人も多い。

さて、初歌舞伎座であるならば、まずはテーマパーク感覚で3階までのショップや施設を見学。場所によって舞台の見え方が全然違うので客席もチェックしてみよう。

各階に掲示された上演時間を確認し、30分の幕間にお食事を。3階に「東京

好きなお弁当を買って
座席で食べる派？

歌舞伎座では、お弁当を持ち込んで幕間に座席で食べたり、また日本画が並ぶ2階ギャラリーのベンチでも食べられる。が、早いもの勝ち。

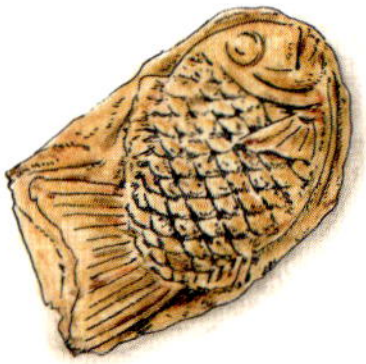

歌舞伎座の一番人気の
名物おやつ「めでたい焼き」

紅白の白玉団子が入った名物おやつ「めでたい焼き」300円は、3階の売店で。1幕が終わると速攻で行かなければ売り切れる。

歌舞伎の世界へのアプローチ

「大間」と呼ばれるロビー。赤い絨毯「緞通《だんつう》」は平等院鳳凰堂の方立の菱形文様。

カジュアルでも和服でも!

基本的に服装は自由。ただ、気負わず普通に着物を着られるせっかくのチャンス! 季節や演目にちなんだ柄を選んで、芝居見物を楽しんでみては?

吉兆」、「花篭」。2階に「鳳」というお食事処があるが事前の予約が必要。地下2階の木挽町広場のお弁当処「やぐら」または三越や松屋などデパ地下で買ったお弁当を座席で食べるのもよし。また歌舞伎座界隈の喫茶店「you」に幕間の時間を予約してオムライスを食べるのもあり。そして2度目の幕間は「喫茶室 檜」で珈琲を飲みながら観たばかりの歌舞伎ばなしで盛り上がろう。ちなみに5分前のブザーが開幕の合図だ。

ご贔屓のブロマイドをゲット!

月半ば過ぎになると、売店と「喫茶室 檜」の間にブロマイド売り場が出現。ご贔屓の舞台写真(1枚 500円)をゲットしよう。

歌舞伎モナカアイス&アツアツの人形焼き

小腹が空いたときの人気スイーツ。隈取最中の皮に小倉アイスをはさんだ「歌舞伎特製 モナカアイス」350円。1階売店にある人形焼きの実演販売で買える焼きたて人形焼き5個入り600円。

歌舞伎座周辺の

【役者御用達の名店】

◆「ナイルレストラン」のムルギーランチ

1949（昭和24）年の創業当時のレシピを元に、変わらぬ味を守り続ける。インド風鶏ランチ（ムルギーランチ1,500円）の虜になった歌舞伎俳優も数知れず…混ぜれば混ぜるほど美味しくなる。

東京都中央区銀座4-10-7
☎ 03-3541-8246

◆「you」のオムライス

ケチャップライスにふわとろオムレツをのせたオムライス（ランチタイムはドリンクとセットで1,100円）は、創業40年以上の喫茶店「you」の名物。行列ができるほどの人気なので、幕間に食べるなら要予約。

東京都中央区銀座4-13-17 高野ビル1F
☎ 03-6226-0482

◆「梵」のビーフヘレカツサンド

本店は大阪の通天閣付近にある洋食屋「新世界グリル梵」。厳選された赤身の極上ヘレ肉を使用した極上ビーフヘレカツサンド（自家製ピクルス添え）ハーフセット1,100円。

東京都中央区銀座7-14-1 荘原実業ビル1F
☎ 03-5565-3386

◆「歌舞伎そば」のざるかき揚げそば

ざるそばの周りにカラっと揚がったかき揚げが5個。その斬新な盛りつけが人気。江戸っ子の鑑のような客ばかりなので混んでいても回転が早い。ざるかき揚げそば490円。

東京都中央区銀座4-12-2
☎ 03-3543-4510

◆「銀之塔」のミックスシチュー

1955（昭和30）年創業のシチュー専門店。土鍋なので、楽屋でも熱々のシチューが食べられると評判を呼び、歴代の名優から出前の注文があった。ミックスシチュー（小鉢とご飯付き）2,600円。

東京都中央区銀座4-13-6
☎ 03-3541-6395

3章

追っかけ旅のすすめ

歌舞伎座デビューを果たしたなら、
さらにディープに追っかけの楽しさを知りましょう。
全国にある歌舞伎のかかる芝居小屋や劇場を巡ってみる。
歌舞伎独特の女形という存在を追いかけてみる。
襲名披露公演で代々追いかける、ご贔屓の舞台を徹底的に追いかける…。
歌舞伎は観れば観るほど面白くなります！

追っかけ旅のすすめ　その1

【全国の芝居小屋を追っかけよう！】

芝居見物をきっかけに全国の劇場めぐり

歌舞伎座のほかにも、全国には歌舞伎が頻繁に上演される劇場や小さな芝居小屋がたくさんある。贔屓の俳優が出演するらしいゾ、あるいは話題の新作が上演されるみたい、というときには特に、遠く遥々、芝居見物がメインの追っかけ旅をしてみよう。かつて２００５（平成17）年の十八代目中村勘三郎の襲名披露公演では全国の大小さまざまな芝居小屋を巡業し、それを追いかけてご贔屓たちは全国を共に旅したものだった。そこには同じ演目でも小屋によって違って見えてくる歌舞伎の面白さはもちろんのこと、行く先々で出会う人、食、宿、温泉など、楽しみは盛り沢山！　２０２０年5月からは市川海老蔵改め、市川團十郎白猿襲名披露公演が始まる。巡業公演まで要チェックだ。

❼ 大阪松竹座《しょうちくざ》

1923（大正12）年、関西初の洋式劇場として竣工。ネオ・ルネッサンス様式の正面のアーチが特徴で、"道頓堀の凱旋門" として大阪の人々に親しまれた。1997（平成9）年に外観を残しつつ演劇専用劇場として新築開場。「七月大歌舞伎」の前に役者を乗せた船が道頓堀川を下る「船乗り込み」は夏の風物詩。

大阪市中央区道頓堀 1-9-19

❻ 旧金毘羅《こんぴら》大芝居（金丸座《かなまるざ》）

現存の芝居小屋では日本最古。正式には旧金毘羅大芝居だが、金丸忠七が座元になったときから通称「金丸座」と呼ばれる。時が流れ廃館になっていた金丸座だったが、1985（昭和60）年から毎年4月に「四国こんぴら歌舞伎大芝居」を上演するようになった。

※ P.136

❿ 国立劇場

1966（昭和41）年開場、皇居を臨む劇場。日本の伝統芸能を上演するほか、伝承者の養成や調査研究も行っている。歌舞伎公演は1、3、10、11、12月。6月、7月は初心者向け歌舞伎鑑賞教室を開催。埋もれた演目を復活させ上演することにも熱心だ。

東京都千代田区隼町 4-1

⓫ 新橋演舞場

大歌舞伎から新作歌舞伎、スーパー歌舞伎Ⅱまで、多彩な歌舞伎を上演する劇場。

東京都中央区銀座6-18-2

MAP

❶ 康楽館《こうらくかん》

外観は下見板張りの白塗りで、上げ下げ式窓や鋸歯状の軒飾りのある洋館。館内には花道はじめ伝統的な歌舞伎小屋の仕掛けが揃う、和洋折衷の不思議な建物。2019年7月は高麗屋の襲名披露公演の巡業がかかる。

秋田県鹿角郡小坂町小坂鉱山字松ノ下 2

❷ 博多座

廻り舞台や花道はじめ舞台設備が充実しており、関西より西で歌舞伎を1ヶ月間"常打ち"で上演する唯一の劇場。劇場周りの美味しい店も見逃せない。

福岡県福岡市博多区下川端町 2-1

❸ 嘉穂劇場《かほげきじょう》

1931(昭和6)年、筑豊の炭鉱の最盛期、トラス構造を用いて舞台間口18mの空間を構成しているモダンな芝居小屋。舞台を愛する伊藤英子さんが時代の移ろいから守りぬいた劇場としても知られ、舞台人に嘉穂劇場ファンは多い。

福岡県飯塚市飯塚 5-23

❺ 内子座《うちこざ》

1916(大正5)年、木蠟《もくろう》や生糸の生産で栄えた時代、大正天皇即位を祝って建てられた。文楽の定期公演「内子座文楽」が行われ、広く親しまれている。巡業の歌舞伎公演が行われることもある。

愛媛県喜多郡内子町内子 2102

❹ 八千代座《やちよざ》

1910(明治43)年、山鹿の旦那衆が建てた芝居小屋。天井の色鮮やかな広告看板や豪華なシャンデリアなど、1923(大正12)年当時の姿に復元された素敵な芝居小屋。

※ P.138

❾ 御園座《みそのざ》

1897(明治30)年に初代市川左團次一座の柿落としで開場。現在の建物は六代目で2018(平成30)年に「御園タワー」内に再開場したばかり。

愛知県名古屋市中区栄 1-6-14

❽ 京都四條南座《みなみざ》

歌舞伎発祥の地・京都四条河原に建つ、歌舞伎をはじめとした多彩な公演を行う劇場で、12月の顔見世興行は錚々たる歌舞伎俳優が勢揃い。舞妓芸妓の総見や、劇場前の招きは京の風物詩として知られる。

京都府京都市東山区四条通大和大路西入中之町 198

日本最古の芝居小屋

旧金毘羅大芝居（金丸座）に行こう！

石段を785段上がって、「こんぴらさん」詣で

海抜251m、象頭山の中腹に鎮座する金刀比羅宮の本宮拝殿。「こんぴらさん」は海の神様だが、五穀豊穣・大漁祈願・商売繁盛など広範な神として、全国津々浦々より信仰を集めてきた。

こんぴらさん詣でを兼ねて、春の芝居見物

江戸時代、三都以外の地方には常設の小屋を建てる事が禁じられていたが、江戸中期から金毘羅信仰が全国的に高まったことで、1835（天保6）年に、大坂道頓堀の大西芝居を模して、富くじの開札場を兼ねた常設小屋が建てられた。この通称「金丸座」、現存の芝居小屋では日本最古である。ここで毎年、満開の桜の下で約2週間、「四国こんぴら歌舞伎大芝居」が開催され、全国から多くの歌舞伎ファンが訪れる。

「さぬきこんぴらさん」に来たからには、まずは参道口から785段の石段を登り、金刀比羅宮本殿でご参拝。さらに奥社《おくしゃ》（厳魂《いづたま》神社）まで約1キロ、583段の石段を上がればますますご利益がありそう。初日前日にはこんぴら歌舞伎の成功祈願で、俳優たちのお練りがあり大いに盛り上がる。座席は客同士が肩を寄せ合うように座る枡席で、舞台機構も江戸時代のまま。

風情ある「金丸座」を見学しよう!

公演のない一般の開館日には、舞台や花道、客席（桝席や2階席）にとどまらず、楽屋や奈落、から井戸、花道七三のすっぽん、楽屋風呂まで見学できる。

営業時間／9〜17時　年中無休
見学料／大人500円
香川県仲多度郡琴平町1241番地
☎ 0877-73-3846

俳優と観客が近い!

恒例の「四国こんぴら歌舞伎大芝居」が始まったのは1985（昭和60）年。俳優と観客との距離が近く臨場感があり、俳優のテンションも上がるようだ。

手動の舞台装置がある奈落

奈落の舞台装置。廻り舞台、セリ、すっぽんなどの舞台装置も木造で、すべて人力で動かす。深さ2.5m。まわりの壁は石積みで、足元は土間になっている。

よき時代の風情を残す八千代座

木造２階建ての八千代座。枡席や桟敷席の客席や、廻り舞台、すっぽん、セリなど、江戸時代の歌舞伎劇場の造りと風情が残る。八千代座の公演があるときは博多駅から劇場行きの送迎バスが出る。熊本空港からは車で約 40 分。

日本一優美な芝居小屋　八千代座に行こう！

美しい空間にうっとり

熊本県山鹿市にある八千代座は、日本一優美な芝居小屋である。明治時代の趣そのままに修復された八千代座の劇場内。その天井には艶やかな色彩の広告画があり、天井の中央にはシャンデリアがかかる、夢のような空間だ。

八千代座は１９１０（明治43）年に地元の旦那衆が町の繁栄を図り建築、翌年１月に柿落しとなる歌舞伎公演が行われている。その後、老築化で13年間閉鎖されていた時期もあったが、地元の熱意と、八千代座に惚れ込んだ坂東玉三郎の尽力により、２００１（平成13）年に大修理を終えて再スタートした。現在、八千代座では玉三郎が30年にわたり定期的な舞踊公演を行っており、毎年多くの観客が詰めかける。艶やかな衣裳を纏った玉三郎が花道七三に立つと、満席の観客からどよめきが起こり、割れんばかりの拍手が鳴る。俳優と観客の感情が同じ間合いで感じられ、鳥肌ものの体験ができる。

国の重要文化財
天井にはシャンデリアが！

大きな劇場では、喜怒哀楽が伝わるのに0.5秒ほどの誤差があるが、八千代座では観客と俳優の感情が同じ間合いで感じられるそうだ。坂東玉三郎に続き、数年前からは市川海老蔵の公演もかかっている。

美しい「八千代座」を見学しよう！

見学時間／9時〜18時
（公演中は見学できないので事前に要確認）
休館日／第2水曜日、12月29日〜1月1日
入場料／ 520円
熊本県山鹿市大字山鹿 1499
☎ 0968-44-4004

山鹿の歴史を知る

山鹿灯籠民芸館

和紙と少量の糊だけつくる伝統工芸品「山鹿灯籠」の展示や、八千代座の模型などを展示し、山鹿温泉の歴史と文化も紹介。

開館時間／ 9時～18時
休館日／ 12月29日～1月1日　入館料／大人 210 円
熊本県山鹿市山鹿 1606-2　☎ 0968-43-1152

役者の
紋入りのうちわを！

栗川商店（来民渋うちわ）

渋うちわは、柿渋を塗ることで、和紙をコーティングし柿渋に含まれるタンニンの働きで防虫効果があり、丈夫で長持ちするうちわに仕上がる。年とともに色合いが深みをおびることから、赤ちゃん誕生の命名うちわなどにも使われる熊本県の伝統工芸品。

熊本県山鹿市鹿本町来民 1648 － 1
☎ 0968-46-2051

ランチタイムに
石窯ピザの人気店

ピッツェリア ダ ツルバラ

薄いのにもっちりとした生地が美味しい人気のピザ屋。いつも混んでいるので、名前を登録してから、近所の骨董店などを散策して時間をつぶそう。

営業時間／ 11時～18時（LO.17時）
熊本県山鹿市山鹿 1495　☎ 0968-43-8920

八千代座だけじゃない。温泉も古墳も、欲張りコース

八千代座公演があるときは博多駅から劇場行きの送迎バスが出る。熊本空港からは車で約40分。せっかくの追っかけ旅、1泊2日で八千代座周辺を散策してみよう。

まず山鹿に着いて公演が始まるまでにランチ。洋食屋さんや定食の店も充実しているが、古民家風の石窯ピザの店「ピッツエリア ダ ツルバラ」で生地が軽くて美味しいマルゲリータを食す。食後は八千代座周辺の骨董屋やお土産屋を物色しよう。1925（大正14）年に建てられた元銀行だったレトロな洋館「山鹿灯籠民芸館」はお見逃しなく。山鹿灯籠まつりに使う灯籠の技術

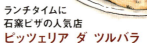

九州最大級の木造温泉
山鹿温泉さくら湯

1640（寛永17）年の肥後細川藩の山鹿茶屋にはじまり、道後温泉の棟梁による1898（明治31）年の大改修を重ねながら、山鹿温泉の元湯として市民の親しまれてきた美肌の湯。現在のさくら湯は、2012（平成24）年に復元された建物で、日本の伝統工法でつくられた木造が心地よい。

営業時間／6時～24時
休館日／第3水曜（祝日の場合は翌平日）
熊本県山鹿市山鹿1-1　☎0968-43-3326

はにわ公園をウォーキング？
熊本県立装飾古墳館

敷地内の前方後円墳「岩原双子塚古墳」と点対称で向かい合うように、前方後円墳の形を模した安藤忠雄建築。県内の主要装飾古墳の精密なレプリカの展示があり、屋外には「はにわ公園」など、古墳の間をウォーキングできる園路も充実。勾玉づくりなど体験もあり。

開館時間／9時30分～17時15分（入館は16時45分まで）
休館日／月曜（祝日の場合はその翌日）、年末・年始
入館料／一般420円
熊本県山鹿市鹿央町岩原3085
☎0968-36-2151

でつくられた八千代座の模型は必見だ。

近くのホテルに宿泊するなら是非、山鹿温泉の元湯として市民に親しまれてきた立ち寄り湯「山鹿温泉さくら湯」へ。また、平山温泉まで足を延ばすなら、豆腐屋からはじまった「平山温泉やまと旅館」の離れでヘルシーな食事と薬湯で癒やされよう。

山鹿のお土産でお薦めは、「上村屋」の『山鹿羊羹』と、「栗川商店」の来民渋団扇。店先では職人技も見学できる。

さて、八千代座リピーターでも意外と知らないのが、岩原古墳群の一角に立つ安藤忠雄建築の「熊本県立装飾古墳館」。遺跡ブームにつき、お立ち寄りスポットとして紹介しておこう。

【歌舞伎の醍醐味　女形を追っかけよう！】

❖さまざまな女形

歌舞伎を初めて観た人は、舞台に立つ美しい着物姿の傾城が男性であるとは俄に信じがたいのではないだろうか。念を押して言っておくが、女性は一人も混じっていない。そもそも1629（寛永6）年、徳川幕府が歌舞伎に女優が出演することを禁じたために、男性が女の役を勤めるようになった。それが「女形」の始まりである。女形とは、歌舞伎の演目において女性の役、あるいはそれを勤める俳優を指す。そして、現実の女性を生々しく模倣するのではなく、芸の上で創り上げられた理想の女性像を型として演じている。

女形の在り方は時代の流れで変化してきたが、現在の女形の役柄は「傾城」「赤姫（多くのお姫様役の衣裳は赤いことからこう呼ばれる）」「娘」「奥方」「世話女房」「片はずし（毅然とした武家の女性、その鬘の種類から付けられた呼称）」「女武道（立廻り

『助六』の場巻

姉のように助六をかばう揚巻。かと思えば、「間夫（＝恋人）がいなければ、女郎は闇」と、強いだけではない可愛らしさもある。
※あらすじは P.19

を演じる勇ましい女性）」「老け女形」など、さまざまである。また、一座の中でも最高位の女形を立女形といい、演技力だけでなく、格や華など、あらゆる資質が要求される。『助六』の揚巻、『本朝廿四孝』（※あらすじはP.166）の八重垣姫、『京鹿子娘道成寺』の白拍子・花子はじめ、立女形が勤めるのはいずれも追いかけたくなる魅力的な役ばかりである。

❖女形が演じる「傾城」を見比べてみよう

「女形は、傾城を勤められて、はじめて一人前」といわれているそうだ。傾城とは、遊女でありながらも、客である男性に対して、ときに母であり、姉であり、恋人であり、妹でなければならない。その時々に男性が求める理想の女であり続けることを求められるのが傾城で、それがそのまま女形の基本の在り方でもある。が、観客にとっては、なんといっても傾城の衣裳は豪華絢爛、日常にはあり得ない性をも超えた美しさは、観ているだけでも満足感がある！

さて、数ある傾城の役の中でも、『助六』の揚巻と『吉田屋』の夕霧は、東西の傾城で好対照な役柄だ。江戸の傾城・揚巻は気っ

『吉田屋』の夕霧

1年も会えずにいた恋人・伊左衛門が眠っているところ「もうし、伊左衛門さん、目をさましてくだしゃんせ…」と声をかける。

※あらすじは P.161

風がよく、キリリとした格好良さがありながらも、好きな男に甘える可愛らしさもある。衣裳は五節句を盛り込んだ豪華なもので、鬘や衣裳、高下駄を合わせて40kg近くにも及び、女形の大役たる貫禄がある。一方、上方の傾城・夕霧は、しとやかでひたすら耐える女という印象。ふわっとした柔らかみが大切とされている。夕霧の鬘の飾り物や指物は揚巻より華美でありながらも、衣裳は本物の傾城に近くて写実的。また、上方歌舞伎の場合はある程度は俳優の好みで選べる自由さがあるので、俳優の趣向を観る楽しみもある。

もうひとつ、傾城の中でも屈指の難役とされる『壇浦兜軍記《だんのうらかぶとぐんき》』(※あらすじはP.164)の阿古屋も見逃せない。絢爛豪華な衣裳を身に纏って、劇中の〝琴責め〟などの拷問で女形自らが三曲(琴、三味線、胡弓)を音色が乱れぬように弾かねばならない。傾城の気品や色気に加え、演奏の技、そして恋人を思う心や魂までをも表現しなければならない難役。劇場には独特の緊張感が走る。

❖女形が大活躍する演目をチェックしよう

歌舞伎に登場するお姫様は、激しくて情熱的だ。中でも『本朝廿四孝』の八重垣姫、『鎌倉三代記《かまくらさんだいき》』(※あらすじはP.160)の時姫、『祇

園祭礼信仰記』の雪姫と、この三つの代表的なお姫様役を「三姫」といい、難役とされている。いずれも気高く美しく、しかし厳しい状況にさらされる中で懸命に激しく生き抜く情熱と、奇跡を巻き起こす力を発揮する。八重垣姫は狐の霊力を得て湖上を駆け抜け、雪姫は縛られながらも足先で描いた鼠に魂が宿り救われるという幻想的な場面が展開。飛躍する物語を楽しめる。

ほかにも、女形が大活躍するお得な演目がある。1813（文化10）年に森田座で初演された四代目鶴屋南北作の『於《お》染《そめ》久松《ひさまつ》色《うきなの》読販《よみうり》』、通称『お染の七役』。油屋の娘お染と丁稚の久松との恋を巡る物語だが、当時、美貌の女形で大人気だった五代目岩井半四郎が、早替りの技術を存分に取り入れて、身分や年齢も幅広く異なる七役を演じ分けて評判を呼んだ。「土手のお六」のような悪党の魅力もいきいきと描き出している。ゆすりたかりといった悪事を働く「土手のお六」は、文化文政の江戸文化の頽廃期に台頭した悪婆という役柄の典型である。立役の色悪は非情だが、悪婆は恋しい男に尽くす心をもっている。『お染の七役』はちゃんと目で追いかけないと見逃してしまうほどのトリッキーな早替りでケレン味たっぷり。1演目でさまざまな女形のタイプを楽しませてくれる。

一人で七役早替り

一人の女形が油屋娘お染、丁稚久松、許嫁お光、後家貞昌、奥女中竹川、芸者小糸、土手のお六と、7人を早替りで演じ分ける。
※あらすじは P.159

追っかけ旅のすすめ　その3

【襲名披露公演を追っかけよう！】

❖代々伝わる演目を「家の芸」という

歌舞伎のご贔屓というのは、俳優個人にとどまらず、代々のご贔屓というものが存在する。スケールが大きい。そしてそれは、たとえば「成田屋のご贔屓」「高麗屋のご贔屓」というふうに屋号で表現される。では代々、追っかけるってどういうことなのか…。

まず、歌舞伎俳優の名前は、代々受け継がれて今に伝わるものが多い。その名前を継ぐことを「襲名」といい、代々受け継がれゆく名前を「名跡」と呼ぶ。一般的に歌舞伎の襲名は、名跡だけではなく、芸風や得意な演目も含めて受け継がれてゆく。また大名跡の場合は、まるで出世魚のごとく、そこに至るまでに段階を踏んで襲名してゆく。たとえば代表的な名跡・市川團十郎を襲名する場合には、今日では前段階として新之助という幼名を経て、海老蔵から團十郎を襲名する

ことになる。

それぞれの俳優の家に代々伝わっている演目、あるいは俳優個人が得意とした演技・演目・役を「家の芸」と呼ぶ。その代表的なものとして、幕末に七代目市川團十郎（当時、五代目市川海老蔵）が、代々の團十郎が得意としてきた「荒事」の役をまとめた「歌舞伎十八番」を制定している。明治以降になると、「歌舞伎十八番」に影響を受けて、さまざまな俳優が「家の芸」をまとめていった。主なものに九代目團十郎が制定した「新歌舞伎十八番」、五代目尾上菊五郎が制定した「新古演劇十種」（後に六代目菊五郎が一種を追加している）などが有名。これらに含まれる役々のうちの一部は、今なお当代の俳優によって演じられている。また、「歌舞伎十八番」のように演目が制定されてまとまったものとは別に、それぞれの家が得意とする、芸風ともいえる「家の芸」も存在する。尾上菊五郎家の世話物や怪談劇、明治以降の中村歌右衛門家の女形の大役、坂田藤十郎家の「和事」などである。

お目当ての俳優の「家の芸」を知り、俳優の成長をしっかり見届ける。そのための大きなチャンスが襲名披露公演なのだ。

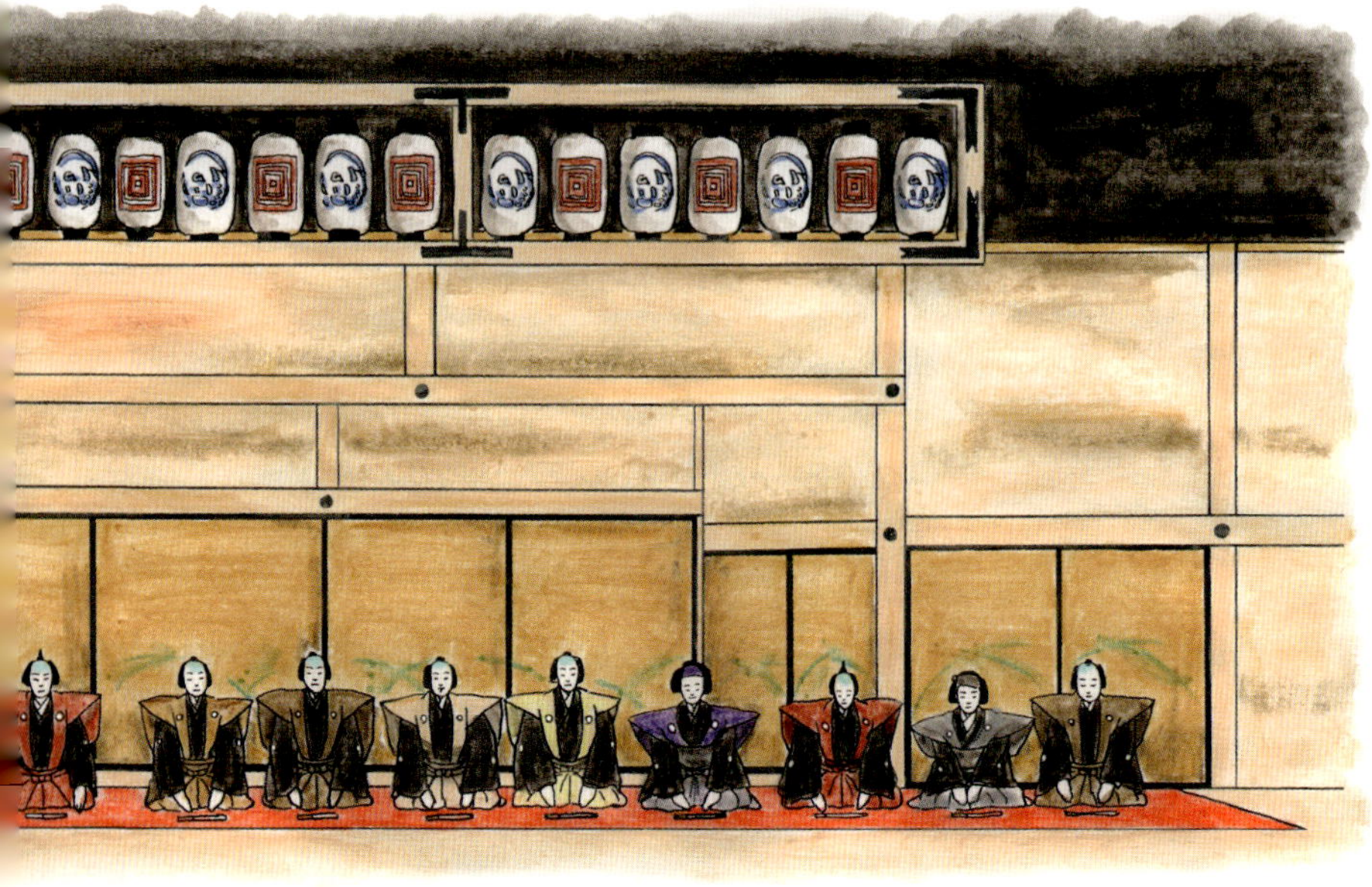

❖襲名披露公演はディープなご贔屓になるチャンス！

襲名披露公演では襲名する俳優の家に伝わる「家の芸」がふんだんに組み込まれ、上演される。また、歌舞伎座から始まって日本の津々浦々まで巡業興行が行われる。近々では、2020年5月に十三代目市川團十郎白猿襲名、及び八代目市川新之助襲名があり、それに伴って襲名披露公演が行われる予定だ。まさに追っかけ旅のチャンスである。しかも、まだ幼い新之助くんが将来、海老蔵、團十郎に育ってゆく様も追っかけるという意味においても、ディープなご贔屓になれる大きなチャンスなのだ。

さて、市川團十郎家。屋号は成田屋、定紋は三升。「市川團十郎」という名跡は、江戸っ子のカリスマであり続けてきた。数多い歌舞伎俳優の中でも「宗家」と呼ばれるのは市川團十郎家だけ。團十郎は劇壇の長者であり、また海老蔵、新之助という名跡は、今日ではその嗣子たる資格を許された事を意味している。襲名披露公演では、襲名する俳優と、その人に由縁のある俳優たちが裃姿でずらりと並び挨拶を述べる

「口上」があるが、團十郎家の襲名口上では「ひとつ睨《にら》んでご覧に入れます」と述べて客席を睨む特別な儀式がある。この「にらみ」は市川家のみに許された慣わしで、にらみが邪気を払い、瘧《おこり》（熱病）を治すといわれた。

なぜ、ここまで團十郎という名前は巨大化したのか。それは初代より成田不動への信仰が篤く、自ら生き不動に扮する「心霊事」や、超人的で悪を退治する「荒事」を家の芸としたことと、なにより代々の團十郎がことごとく演劇史に名を残す名優だったからにほかならない。荒事を創始した初代、歌舞伎の華『助六』を確立した二代目、四、五代目も劇界に名優として君臨。そして、七代目は『勧進帳』を初演し「歌舞伎十八番」を選定。美男として一世を風靡しながらも謎の自殺を遂げ、江戸中の女性を泣かせた八代目。近代歌舞伎の地位を確立して、「劇聖」と讃えられた九代目…。

襲名とは、文字通り名を襲《かさ》ねることだが、単に改名するだけではない。代々の團十郎が創り上げた芸の力と魂を受け継いで、そこから新たな時代の團十郎白猿、そして新之助が生まれる。

成田屋の「家の芸」

歌舞伎十八番

「十八番」と書いて「おはこ」とも読む。つまり得意技ということだ。團十郎家が代々得意とした十八の演目を「歌舞伎十八番」という。これを制定した七代目團十郎の目的とは、単に〈家の芸〉をまとめるだけではなかった。まず、大南北（四代目鶴屋南北）や名優らが没し衰退しつつあった幕末の歌舞伎へのてこ入れが第一の目的だった。そして、市川宗家の権威を確立させること。さらには、能狂言の要素を取り入れて歌舞伎の高尚化を図るという目的があったとされている。今なお、そのうちのいくつかは圧倒的な人気狂言として残っていることを考えれば、七代目の目的はほぼ達成されたように思われる。一方、まったく上演されなくなった演目もある。では、時代の洗練を経て生き残った「歌舞伎十八番」の人気狂言を紹介しよう。

まず『勧進帳』は、弁慶の「飛び六方」でも知られ、今や歌舞伎を代表する演目。歌舞伎の高尚化にも大きな役割を果

暫

※あらすじはP.83

たした作品だ。さらにスーパーヒーローもの荒事の代表作『暫』、洗練された江戸一番の色男が登場する『助六』、雲の絶間姫の色仕掛けで上人が破戒してしまう『鳴神』、磁石の原理を取り入れた大らかな推理劇『毛抜』。成田屋の襲名披露公演には欠かせない「歌舞伎十八番」の人気演目に期待は膨らむ。

助六

※あらすじはP.19

毛抜

※あらすじはP.29

鳴神

※あらすじはP.83

勧進帳

※あらすじはP.161

独断と偏見で紹介する

【 追っかけたい歌舞伎俳優 】

まずは気になる俳優を追いかけてみましょう!
これが歌舞伎を好きになる、深く知るための近道です。
追いかけるうちに、必然的にさまざまな演目を観ることになり、
相手役の魅力的な俳優にも出会えます。
一度観た演目でほかの俳優の演じ方を見比べる、
同演目の題材となる能・狂言・文楽・落語などの伝統芸能を見比べる、
巡業公演を追いかければ、さまざまな劇場体験もできます。
ここに紹介したのはほんの一握り、江戸の時代から歌舞伎俳優は脈々と魅力的です。

人間国宝の芸を観る!

片岡《かたおか》仁左衛門《にざえもん》

十五代目　松嶋屋
紋＝七ツ割丸に二引

情があって、カッコいい!

「顔、声、姿」三拍子揃う、華のある人気立役者。深い解釈と綿密な演技で、二枚目から極悪人までどんな役を演じても観客を惹きつける魅力がある。当り役は『廓文章 吉田屋』伊左衛門、『義経千本桜 すし屋』権太、『恋飛脚大和往来』忠兵衛・八右衛門、『荒川の佐吉』佐吉、『仮名手本忠臣蔵』勘平・由良之助、『お祭り』鳶頭、『助六曲輪初花桜』助六など多数。

◆1944年3月14日生。十三代目片岡仁左衛門の三男。49年9月中座『夏祭《なつまつり》浪花鑑《なにわかがみ》』の市松で片岡孝夫の名で初舞台。98年1・2月歌舞伎座の『助六曲輪初花桜』助六ほかで十五代目片岡仁左衛門を襲名。

人間国宝の芸を観る!

中村《なかむら》吉右衛門《きちえもん》

二代目　播磨屋
紋＝揚羽蝶、村山片喰

通好みの、渋い歌舞伎俳優

役の性根をつかんで、揺るぎのない卓越した台詞術をもつ現代歌舞伎屈指の名立役。歌舞伎通のファンが多い。『仮名手本忠臣蔵』七段目の大星由良之助、『梶原平三誉石切』梶原平三景時、『勧進帳』富樫左衛門、『俊寛』など、時代物から世話物まで多くの当り役をもつ。

◆1944年5月22日生。初代松本白鸚《はくおう》の次男。祖父・初代吉衛門の養子となる。48年6月東京劇場『俎板《まないた》長兵衛』の長松ほかで中村萬之助を名のり初舞台。66年10月帝国劇場『金閣寺』の此下東吉ほかで二代目中村吉右衛門を襲名。

人間国宝の芸を観る！

坂東玉三郎《ばんどうたまさぶろう》

五代目　大和屋
紋＝花かつみ、のし菱

まさしく浮世絵の世界！

女形歌舞伎俳優の最高峰。ともかく美しい。衣裳はじめ、舞台美術や音楽など細部にこだわり、演出の目も長けている。自身の当り役でもある『壇浦兜軍記』阿古屋、『助六由縁江戸桜』揚巻、『藤娘』、『京鹿子娘道成寺』など女形の大役を若手に継承することにも力を注いでいる。地方を巡演する坂東玉三郎舞踊公演も必見！

◆1950年4月25日生。57年2月に東横ホール『寺子屋』の小太郎で坂東喜の字を名のり初舞台。64年6月十四代目守田勘弥の養子となり、歌舞伎座『心中刀は氷の朔日』のおたまほかで五代目坂東玉三郎を襲名。

花形役者を追いかけよう！

松本幸四郎《まつもとこうしろう》

十代目　高麗屋
紋＝浮線蝶、四ツ花菱

次代を担う若手のリーダー格

大名跡を継ぎ、家の芸である『勧進帳』弁慶や『熊谷陣屋』熊谷はもちろんのこと、上方の芝居の『女殺油地獄』『廓文章』や、多彩なコラボにも意欲的に向き合っており、更なる飛躍が期待される。松本流家元で、踊りの名手でもある。

◆1973年1月8日生。松本白鸚の長男。79年3月歌舞伎座『侠客春雨傘《きょうかくはるさめがさ》』で三代目松本金太郎を名のり初舞台。81年10・11月歌舞伎座『忠臣蔵』七段目の大星力弥ほかで七代目市川染五郎を襲名。2018年1・2月歌舞伎座『勧進帳』の弁慶ほかで十代目松本幸四郎を襲名。

花形役者を追いかけよう！

市川猿之助《いちかわえんのすけ》

四代目　澤瀉《おもだか》屋
紋＝八重澤瀉、三ツ猿

次々と鬼才ぶりを発揮！

スーパー歌舞伎Ⅱ『ワンピース』の大成功で、澤瀉屋の進取の精神を確実に受け継いだ感がある。天性の演技力と身体能力、優れたプロデュースセンスが観客の心を掴む。『東海道中膝栗毛』でも演出力が冴えた。古典では『女殺油地獄』お吉から『法界坊』破戒僧まで、幅広い役を勤めている。

◆1975年11月26日生。市川段四郎の長男。83年7月歌舞伎座『御目見得太功記《おめみえたいこうき》』の禿《かむろ》たよりで二代目市川亀治郎を名のり初舞台。2012年6・7月新橋演舞場『ヤマトタケル』小碓命《おうすのみこと》後にヤマトタケルほかで四代目市川猿之助を襲名。

花形役者を追いかけよう！

尾上菊之助《おのうえきくのすけ》

五代目　音羽屋
紋＝重ね扇に抱き柏

気品が在り、艶やか！

女形は遊女から姫・女房まで、立役も二枚目から骨太の役まで、性を超えて自在に演じきる。しかも気品が在り、艶やかだ。『仮名手本忠臣蔵』七段目の遊女お軽、『鳴神不動北山櫻』雲の絶間姫、『梅雨小袖昔八丈』髪結新三、『御所五郎蔵』五郎蔵が好評価。２０１９年12月は新作歌舞伎『風の谷のナウシカ』に挑む。

◆１９７７年8月1日生。七代目尾上菊五郎の長男。84年2月歌舞伎座『絵本牛若丸』牛若丸で六代目尾上丑之助を名のり初舞台。96年5月歌舞伎座『弁天娘女《べんてんむすめめの》男白浪《おのしろなみ》』弁天小僧菊之助ほかで五代目尾上菊之助を襲名。

花形役者を追いかけよう！

市川海老蔵《いちかわえびぞう》

十一代目　成田屋
紋＝三升

長男の成長とともに応援！

市川團十郎家・歌舞伎の宗家として江戸歌舞伎を牽引する存在。荒事の大らかな役者ぶりで、眼力の強さとオーラをもつ。２０２０年5月には十三代目團十郎白猿を襲名。長男・堀越勸玄も八代目新之助を襲名する。親子の成長と芸の継承を見守りたい。

◆１９７７年12月6日生。十二代目市川團十郎の長男。83年5月歌舞伎座『源氏物語』の春宮で堀越孝俊の名で初お目見得。85年5月歌舞伎座『外郎売《ういろううり》』の貴甘坊で七代目市川新之助を名のり初舞台。04年5月歌舞伎座『暫』鎌倉権五郎、『勧進帳』富樫ほかで十一代目市川海老蔵を襲名。

花形役者を追いかけよう！

中村獅童《なかむらしどう》

二代目　萬屋
紋＝桐蝶

ジャンルを超えて大活躍

江戸時代の芝居絵のような古風な顔立ちが魅力。ジャンルを超えた幅広い活躍で、歌舞伎に馴染みのない人でも顔と名前を知る人は多い。「超歌舞伎」の『積思花顔《つもるおもいはなのかお》競《みせ》』ではバーチャルアイドル・初音ミクと共演。新作『東海道中膝栗毛』やコクーン歌舞伎『天日坊《てんにちぼう》』でも欠かせないキャラとして魅力全開だった。

◆１９７２年9月14日生。初代中村獅童の長男。祖父は三代目中村時蔵。いとこに歌六、時蔵、又五郎、錦之助がいる。81年6月歌舞伎座『妹背山女庭訓』「御殿」の豆腐買娘おひろで二代目中村獅童を名のり初舞台。

花形役者を追いかけよう！

中村勘九郎《なかむらかんくろう》

六代目　中村屋
紋＝角切銀杏

花形役者の中で抜群の存在感

荒事『車引』の梅王丸や『梅ごよみ』芸者・米八、『連獅子』など、多彩な芸で抜群の存在感を放つ。父・十八代目の七回忌追善興行『助六』では祖父や父も勤めた白酒売で江戸和事の芸を披露し、客席を沸かせた。

◆１９８１年10月31日生。十八代目中村勘三郎の長男。86年1月歌舞伎座『盛綱《もりつな》陣屋《じんや》』の小三郎で初お目見得。87年1月『門出《かどんで》二人桃太郎《ふたりももたろう》』の兄の桃太郎で二代目中村勘太郎を名のり初舞台。２０１２年2月新橋演舞場『春興鏡獅子』御小姓・弥生後に獅子の精ほかで六代目中村勘九郎を襲名。

花形役者を追いかけよう！

中村七之助《なかむらしちのすけ》

二代目　中村屋
紋＝角切銀杏

美貌の、ノリに乗った女形

今、女子に最も人気の女形。『封印切』梅川、『刺青奇遇』お仲、『野田版 桜の森の満開の下』の夜長姫を次々と勤め、父・十八代目の七回忌追善興行『助六』では、女形で最も難役とされる揚巻を堂々勤めた。コクーン歌舞伎では『切られの与三』で流浪する男を演じ、新たな魅力を発揮した。

◆１９８３年5月18日生。十八代目中村勘三郎の次男。86年9月歌舞伎座『檻《おり》』の祭りの子・勘吉で波野隆行の名で初お目見得。87年1月歌舞伎座『門出二人桃太郎』の弟の桃太郎で二代目中村七之助を名のり初舞台。

花形役者を追いかけよう！

尾上松也《おのえまつや》

二代目　音羽屋
紋＝抱き若松

応援したくなる、努力の人

歌舞伎以外の舞台やドラマへの出演もあるので華やかに見えるが、実は地道に力を蓄え、抜擢に応えながら自らの道を切り開いてきた努力の人。舞台映えする容姿と、口跡の良さが魅力。毎年、新世代の若手が活躍する新春浅草歌舞伎では6年連続でリーダを勤めている。『義経千本桜』「渡海屋・大物浦」の銀平・知盛、『御浜御殿』綱豊が好評。自主公演『挑む』にも目が離せない。

◆１９８５年1月30日生。六代目尾上松助の長男。90年5月歌舞伎座『伽羅先代萩』の鶴千代で二代目尾上松也を名のり初舞台。

急上昇中の若手俳優に注目！

中村梅枝《なかむらばいし》

四代目　萬屋
紋＝桐蝶

古風で端正な佇まいにキュン

まるで浮世絵のような端正な容姿と佇まいで歌舞伎ならではの古風な匂いを放つ若手女方。『寺子屋』戸浪、『銀閣寺』雪姫、『伊勢音頭恋寝刃』お紺、女形至難の役といわれる『阿古屋』では琴や胡弓、三味線の演奏も披露し、経験を重ねている。

◆1987年11月22日生。五代目中村時蔵の長男。91年6月歌舞伎座『人情裏長屋』の沖石一子鶴之助で小川義晴の名で初お目見え。94年6月歌舞伎座〈四代目中村時蔵三十三回忌追善〉の『幡随長兵衛《ばんずいちょうべえ》』の倅長松と『道行旅路の嫁入』の旅の若者で四代目中村梅枝を襲名し初舞台。

急上昇中の若手俳優に注目！

中村壱太郎《なかむらかずたろう》

初代　成駒屋
紋＝寒雀の中に壱

とっても可憐な女形

ほっそりとして気品があり、艶やかで可憐な女形。『義経千本桜』静御前、『吉田屋』夕霧、『鷺娘』『お染の七役』と、義太夫狂言から上方歌舞伎、舞踊など大役に挑み、ひときわ注目される存在。

◆1990年8月3日生。四代目中村鴈治郎の長男、祖父は四代目坂田藤十郎。母は二代目吾妻徳穂。91年11月南座『廓文章』の藤屋の手代壱太郎で林壱太郎の名で初お目見得。95年1月大阪・中座『嫗山姥《こもちやまんば》』一子公時《きんとき》で初代中村壱太郎を名のり初舞台。2012年12月南座『寿曾《ことぶきそ》我対面《がのたいめん》』の喜瀬川亀鶴ほかで名代昇進。

急上昇中の若手俳優に注目！

尾上右近《おのえうこん》

二代目　音羽屋
紋＝重ね扇に抱き柏

才能溢れる、今注目の若手

芸熱心で、立役も女形もこなせる華のある顔立ち。踊りも上手い。毎年、自主公演「研の會」では古典に挑戦、自身の可能性を追求している。また、清元節太夫として『十六夜清心』に出演しつつ、同興行で役者としても活躍。役者と太夫の二筋道を歩む。

◆1992年5月28日生。七代目清元延寿太夫の次男。曾祖父は六代目尾上菊五郎。2000年4月歌舞伎座『舞鶴雪月花《ぶかくせつげっか》』松虫で初舞台。05年1月新橋演舞場『人情噺文七元結』長兵衛娘お久ほかで二代目尾上右近を襲名。18年2月七代目清元延寿太夫を襲名。

急上昇中の若手俳優に注目！

中村児太郎《なかむらこたろう》

六代目　成駒屋
紋＝児太郎雀、祇園守

急成長中の期待の若女形

芸熱心で、古風な容姿と声にも恵まれ、めきめき成長中の若女形。五代目歌右衛門以来の成駒屋の家の芸『京鹿子娘道成寺』、『金閣寺』雪姫、『阿古屋』の三曲など、次々と女形の大役を勤めて、立女形への道を確実に歩んでいる。

◆1993年12月23日生。九代目中村福助の長男。祖父は七代目中村芝翫。99年11月歌舞伎座『壺坂霊験記』の観世音で中村優太の名で初お目見得。2000年9月歌舞伎座『京鹿子娘道成寺』の所化と『菊晴勢若駒』春駒の童で六代目中村児太郎を襲名し初舞台。

これからが楽しみな、イケメン俳優

片岡千之助《かたおかせんのすけ》

初代　松嶋屋
紋＝追いかけ五枚銀杏

踊りも上手く、色気ある青年

仁左様譲りの清々しい色気があり、歌舞伎舞踊も上手く、キレがあって小気味いい。立役はスカッとして、女形は可愛らしく、ともかく応援したくなる俳優。

◆2000年3月1日生。片岡孝太郎《たかたろう》の長男。祖父は十五代目片岡仁左衛門。03年7月大阪松竹座『男女道成寺』の所化で初お目見得。04年11月歌舞伎座『松栄祝嶋台《まつのさかえいわうしまだい》』（お祭り）の若鳶千吉で初代片岡千之助を名のり初舞台。15年11月歌舞伎座『元禄忠臣蔵』「仙石屋敷」の大石主税、18年10月歌舞伎座『助六曲輪初花桜』福山かつぎを勤めた。

これからが楽しみな、イケメン俳優

市川染五郎《いちかわそめごろう》

八代目　高麗屋
紋＝三ツ銀杏、四ツ花菱

当代きっての美少年！

ハンサムでスタイリッシュな素顔がお姉様方の心を摑んで離さない。『勧進帳』義経や『龍虎《りゅうこ》』虎を勤めた襲名披露公演も終えて、役者としてひとまわり成長。今後がますます楽しみ！

◆2005年3月27日生。十代目松本幸四郎の長男。祖父は二代目松本白鸚。07年6月歌舞伎座『侠客春雨傘』の高麗屋齋吉で初お目見え。09年6月歌舞伎座『門出祝寿連獅子《かどんでいおうことぶきれんじし》』の童後に孫獅子の精で四代目松本金太郎を名のり初舞台。18年1・2月歌舞伎座『勧進帳』の源義経ほかで八代目市川染五郎を襲名。

見逃せない

【 演目あらすじ 】

本書に登場する演目をまとめました。
見ごたえのある時代物や、親しみやすい世話物、華やかな舞踊。
あらすじが分かると、俳優の表情や振る舞いなど
細かなところに目が行くようになり、観劇がさらに楽しくなります。
気になる演目を探してみてください。

◆ 一本刀土俵入

いっぽんがたなどひょういり

力士志願の末に親方に見放された無一文の駒形茂兵衛は、空腹でフラフラしながら取手の宿・安孫子屋の前を通りかかる。それを見かねた安孫子屋のお蔦は、櫛、簪などを与えて励ました。やがて歳月は流れ、渡世人となった茂兵衛はお蔦を訪ねる。娘と二人暮らしのお蔦のもとに帰ってきたお蔦の夫は、いかさま博打をして土地の親分に追われている。かつてお蔦に受けた優しさをひとつの灯として生きてきた茂兵衛は、絶体絶命のお蔦一家を助けて逃してやり、昔の恩に報いる。→ P.54

◆ 妹背山婦女庭訓　吉野川

いもせやまおんなていきん　よしのがわ

吉野川を挟んで、紀伊の国の背山と、大和国の妹山は桜の季節を迎えていた。背山は大判事・清澄の、妹山は太宰少弐の領地。清澄の嫡男・久我之助と、太宰の息女・雛鳥は恋仲だが､川が二人を隔てているうえ、親の不仲で自由に逢うことができない。そこへ蘇我入鹿から両家に難題が下される。雛鳥は首を打たれ、久我之助は自害する。太宰の後室・定高は、久我之助の息があるうちに、雛鳥の首を嫁入りさせようと、首を雛道具とともに吉野川に流す。若い二人の犠牲を出し、ようやく両家は和解する。
→ P.123, 127

◆ 青砥稿花紅彩画　白浪五人男

あおとぞうしはなのにしきえ　しらなみごにんおとこ

※あらすじは P.25

◆ 荒川の佐吉

あらかわのさきち

元大工の佐吉は、やくざの世界に憧れ仁兵衛親分のもとへ。不運に見舞われた親分一家を助け、大半の子分が去った後も仕え続けていた。ある日、佐吉は仁兵衛の娘・お新が生んだ盲目の子・卯之吉を抱いて帰ってくる。盲目のため捨てられたこの子を引き取り育てることにしたのだ。それから月日が経ち、実の親が卯之吉を迎えに来た。あまりの身勝手さに怒る佐吉だったが、盲目の身で出世するには検校になるしかない時代。そのためには莫大な費用がかかる。子供の幸せを考えれば、身を引き裕福な生家に返さざるをえないと、苦渋の決断をして一人旅立つ。→ P.75

◆ 伊勢音頭恋寝刃

いせおんどこいのねたば

※あらすじは P.49

◆ 一谷嫩軍記　熊谷陣屋

いちのたにふたばぐんき　くまがいじんや

※あらすじは P.75

川芸者の仇吉までもが丹次郎に一目ぼれ。後日、仇吉が丹次郎を呼び出し、二人がいい雰囲気になったところへ、なんと米八がやってくる。丹次郎をめぐる、深川の売れっ子芸者同士の激しい女の闘いはエスカレートしていくが…。→ P.83

◆ 於染久松色読販　お染の七役

おそめひさまつうきなのよみうり　おそめのななやく

久松は質屋・油屋の丁稚になり、油屋の娘お染と相思相愛となる。ある日、お染と久松は妙見神社へお参りに来たが、二人ははぐれてしまう。そこへ久松の許婚のお光がやってくる。次にお光と入れ違いでやってきたのは、奥女中の竹川。実は、竹川は久松の姉。二人の父は、仕えていた千葉家の刀と折紙を紛失したため自害し、家は断絶していたため、久松と竹川は、刀を探して汚名を晴らそうとしているのだった。刀を盗んだのは千葉家の侍・鈴木弥忠太と、油屋の番頭・善六。善六は、お染と夫婦になって油屋を乗っ取ろうと企てていて…。→ P.145

◆ 女殺油地獄

おんなころしあぶらのじごく

油商・河内屋は主人が亡くなり、妻は番頭と結婚して店を継いでいる。義父に甘やかされて育ち、すっかりぐれてしまった放蕩息子・与兵衛。放埒は改まらず、とうとう勘当された与平衛は借金の返済に困り、同業の豊島屋女房お吉に借財を申し込みに行くと、はからずも両親の与兵衛に対する慈愛溢れる言動を目撃する。やや心が動く与兵衛だったが、借財を断られて激昂し、油樽を倒して油まみれになりながらお吉を追いかけ、無惨に殺害してしまう。→ P.68

◆ 怪談牡丹燈籠

かいだんぼたんどうろう

※あらすじは P.61

◆ 色彩間苅豆　かさね

いろもようちょっとかりまめ

不義はお家のご法度とされていた時代、与右衛門は家中の腰元・かさねと深い仲になる。しかし悪事を重ねた与右衛門は、心中の約束をしていたかさねを置き去りにし、一人出奔《しゅっぽん》してしまう。かさねは後を追い、愛しい与右衛門を発見するが、与右衛門はかさねを打ち捨てる。しかし、かさねは引き下がらない。そのとき、川上から髑髏が卒塔婆にのって流れてくる。引き寄せてみると、右目には草刈鎌が突き刺さり、卒塔婆には「俗名助」とある。それは、実はかさねの母親とも深い仲だった与右衛門が殺した父の髑髏だった。その怨念がかさねに乗り移り…。→ P.64

◆ 浮かれ心中

うかれしんじゅう

若旦那・栄次郎は、家を継がなければならないが、実は人を笑わせるのが好きで戯作者になることを夢見ている。しかし、売れたいがために、さまざまなスキャンダルを起こしてみるものの、どれもいまいち。しまいには花魁・帚木を身請けし、帚木と狂言の「公開心中」を実行しようとするが、帚木と恋仲だった大工・清六に見つかり、事情を知らない清六に二人は刺されてしまう。栄次郎は、自分の作品の中に登場する鼠に乗って天に昇っていく…。原作は井上ひさしの『手鎖心中』。→ P.111

◆ 梅ごよみ

うめごよみ

唐琴屋の丹次郎はモテる色男。お蝶という許嫁がいるにもかかわらず、自分に入れあげている深川芸者・米八の世話になっている。ある日、久々にお蝶と逢い、彼女を舟で送ろうとしているところを米八と遭遇してしまう。怒る米八をなんとかなだめ、お蝶と舟へ乗り込んだ。すると、今度は屋形船とすれ違い、そこに乗っていた同じく深

が犠牲になると頼み込む。それを聞いた梶原は試し斬りを買って出るが…。→ P.49

◆ 仮名手本忠臣蔵
かなでほんちゅうしんぐら

赤穂浪士の討入り事件を、幕府の干渉から逃れるために、南北朝時代の『太平記』の世界に置き換えて書かれた。塩冶判官は、足利氏の執事・高師直に侮辱されて刀を抜いてしまうが、殿中で刀を抜けばお家断絶で切腹は免れない。判官の切腹から、師直屋敷での仇討ちまで、全十一段にわたり波瀾万丈の展開が描かれている。五段目、六段目は、判官の旧臣・早野勘平と恋人のお軽の話。→ P.27, 32, 116, 119

◆ 鎌倉三代記
かまくらさんだいき

北条時政の娘・時姫は、敵方の武将である三浦之助を慕い、三浦之助の母・長門の世話をしていた。そこへ深手を負った三浦之助が帰ってくる。時姫は三浦之助にすがりつくが、敵方の娘は妻にできない、とはねつけられる。嘆いた時姫が自害しようとすると、そこへ藤三郎という侍が現われる。藤三郎は、姫を助けたら女房にやると時政の命を受けてきたという。怒った時姫が斬りかかると、藤三郎は庭先の空井戸に逃げ込む。時姫は再び自害しようとするが、今度は三浦之助がとどめ、父・時政を討てば妻にすると難題をもちかける。悩んだ時姫だったが、ついに三浦之助の難題を承知する。それを聞いた三浦之助は、計画が成功したと空井戸に呼びかける。すると井戸から現れたのは…。→ P.144

◆ 盟三五大切
かみかけてさんごたいせつ

※あらすじは P.60

◆ 加賀見山再岩藤　骨寄せの岩藤
かがみやまごにちのいわふじ　こつよせのいわふじ

主君の多賀大領は、妾のお柳の方に夢中。忠臣である花房求女は、それをいさめたために不興をかい、家来の又助の家に身を寄せている。しかし実は、お柳の方は悪臣・望月弾正と組んで、お家横領を企てていた。忠義な又助は、主人の求女のためにお柳の方を暗殺するはずが、騙されて正室である梅の方を殺してしまっていた。自宅にやってきた家老の安田帯刀の話から、又助は自分が梅の方を殺害し、その暗殺を指示した疑いが求女に及んでいることを知る。自分には盲目の弟がいる、しかも主人にあらぬ疑いがかかっている。悩んだ又助は自ら命を絶つ。やがてお柳と弾正の悪事が露見し…。この作品は『加賀見山旧錦絵』の後日譚。『加賀見山旧錦絵』では、召使のお初が主人の中老尾上を自害に追いやった岩藤を討ち、その功から二代目尾上となる。『加賀見山再岩藤』では、野ざらしになっていた岩藤の骨が寄せ集まり亡霊となって現れ、二代目尾上に恨みを晴らそうとよみがえる。→ P.110

◆ 籠釣瓶花街酔醒
かごつるべさとのえいざめ

※あらすじは P.51

◆ 梶原平三誉石切　石切梶原
かじわらへいぞうほまれのいしきり　いしきりかじわら

平家方の武将・大庭三郎景親と俣野五郎兄弟、そして同僚の梶原平三景時は、鎌倉八幡宮に参詣へ行った。そこへ螺鈿細工職人の父娘がやってきて、家宝の刀を買ってほしいと頼むので、目利きである梶原が鑑定する。梶原は刀を一目見て「天晴れ稀代の名剣」と賞賛するが、兄弟は「二つ胴」を触れ込みにしているからには試し斬りをしろという。しかし、試し斬りをするにも死罪の囚人は一人。父親は、娘に忘れ物をしたと嘘を言って使いにやり、その間に自ら金閣寺に立てこもる松永大膳。将軍の母・慶寿院と、絵師・雪舟の孫娘である雪姫を捕らえて幽閉している。雪姫は、大膳に絵を描くよう求められるが、そのとき大膳が抜き取った刀は、殺された父・雪村のものだった。すべてを悟った雪姫は、父の仇を討とうとするが、あえなく捕らえられ、桜の木に縛られてしまう。身動きの取れない雪姫は、足で桜の花びらを集めて絵を描く。すると描いた鼠が白鼠となって現れ、縄を食いちぎり、雪姫は自由の身に。残された慶寿院は…。→P.118, 119, 144

◆ 京鹿子娘道成寺

きょうがのこむすめどうじょうじ

※あらすじはP.44

◆ 廓文章　吉田屋

くるわぶんしょう　よしだや

師走も押し迫ったある日、遊蕩の末に借金を背負い、親から勘当を受けた伊左衛門は、みすぼらしい紙衣姿で、久しぶりに恋人・夕霧のいる吉田屋にやってきた。吉田屋の主人から、夕霧も来ていると聞かされて喜ぶが、他の客の相手をしていてなかなかこちらに来ない。ようやく夕霧が伊左衛門のもとにやってくるが、嫉妬した伊左衛門は夕霧を罵り、涙ながらにそれを聞く夕霧。そこへ、伊左衛門の勘当が解けたという知らせとともに千両箱が届き、伊左衛門は夕霧を身請けする。→P.26, 143

◆ 毛抜

けぬき

※あらすじはP.29

◆ 源氏物語

げんじものがたり

桐壷帝の寵愛を一身に受けた桐壷更衣は、若くしてこの世を去る。二人の間に生まれた皇子こそが光源氏。桐壺帝の崩御の後、次帝の母の弘徽殿女御は、我が子を脅かす

◆ 勧進帳

かんじんちょう

鎌倉幕府の将軍である兄・源頼朝に謀反の疑いをかけられ、源義経一行は追われる身となった。一行は、武蔵坊弁慶を先達に、都を逃れて奥州へと向かう。どうにか加賀国・安宅まで落ち延びるが、この関所を守るのは富樫左衛門。突破は困難に思われた。そこで、弁慶たちは山伏姿、義経は強力に変装する。弁慶は機転を利かせて、自分たちは焼失した東大寺再建のための勧進を行っていると偽り通過を試みた。すると富樫は、弁慶に勧進帳を読むよう命じる。もちろん勧進帳など持っていない弁慶は、別の巻物を開き、あたかもそれが本物であるように見せかけ文言を暗唱してみせる。こうして窮地をいったん脱したが、しかし富樫は、強力姿の者は義経ではないかと察して…。→P.91, 112

◆ 鬼一法眼三略巻

きいちほうげんさんりゃくのまき

菊の花が見事に咲くこの館の主である吉岡鬼一法眼は、元は源氏の侍だったが、鬼次郎、鬼三太という二人の弟と別れて、現在は平家に仕えていた。その館に仕える虎蔵と智恵内は、実は牛若丸と鬼三太。鬼一が秘蔵する兵法三略の巻を狙っていた。鬼一の娘の皆鶴姫は、虎蔵の正体を知りながらも、恋心を寄せている。その後、牛若丸は正体を明かして鬼一と対決しようとする。しかし、そこに現れたのは、天狗の面をかぶった鞍馬山の僧正坊。実は、鬼一こそが、鞍馬山で天狗の僧正坊と名乗り、幼い牛若丸に軍法の奥義を教えた恩師だったのだ。鬼一は皆鶴姫に虎の巻を託し、それはいずれ夫となる牛若丸の手に渡るだろうと暗示して自害する。→P.117

◆ 祇園祭礼信仰記　金閣寺

ぎおんさいれいしんこうき　きんかくじ

天下をもくろみ、足利家に謀反を起こして

◆ 狐狸狐狸ばなし

こりこりばなし

おきわは、夫·伊之助にうんざりしている。不倫相手の法印重善から「夫を殺したら一緒になる」と言われ、ふぐにあたったように見せかけて、伊之助を毒殺する。しかしその後、死んだはずの伊之助が、おきわや重善の前に現れ、周囲は混乱。狐と狸の化かし合いのような騙し合いが二転三転と続き…。→ P.78

◆ 桜姫東文章

さくらひめあずまぶんしょう

※あらすじはP.65

◆ 三人吉三廓初買　三人吉三巴白浪

さんにんきちさくるわのはつがい
さんにんきちさともえのしらなみ

女装の盗賊お嬢吉三は、おとせから百両の金を奪い、川に突き落とす。それを見ていたお坊吉三がやってきて、お嬢からそれを取り上げようと争っていると、和尚吉三が止めに入る。同じ吉三の名前を持つ三人は、ここで義兄弟の契りを結ぶ。おとせが持っていた百両は、恋人の十三郎のものだった。十三郎は失意のあまり身投げをしようとするが、おとせの父・土左衛門伝吉に救われる。やがて無事だったおとせと十三郎は再会を喜ぶが、実は二人は伝吉の子だった。それを知った和尚は二人を殺し、追っ手の迫るお嬢とお坊の首だと言って役人に差し出すが…。→ P.118

◆ 楼門五三桐　山門

さんもんごさんのきり　さんもん

大盗賊・石川五右衛門は、南禅寺の山門の上層から、煙管を吹かし「絶景かな、絶景かな」と夕暮れ時の満開の桜を眺めていた。そこへ何かをくわえた鷹が飛んでくる。それは、明国の遺臣・宋蘇卿の遺言書だった。それを読み進めるなかで、五右衛門は、自分が宋蘇卿の遺児であること、まと光源氏を敵視し、失脚の機会をうかがっていた。そうした中、光源氏は弘徽殿女御の妹と知らず、朧月夜の君と恋に落ちる。秘密の恋の末、我が子を産んだ藤壺中宮に累が及ぶことを危惧し、官職を辞し須磨へと向かう。そこで、夢に亡き父帝が現れ…。→ P.27

◆ 源平布引滝　実盛物語

げんぺいぬのびきのたき　さねもりものがたり

百姓の九郎助は、孫の太郎吉と漁をしていたところ、網にかかった女の腕を持ち帰る。その腕が握っている源氏の白旗から、腕の持ち主は九郎助の娘であり、太郎吉の母である小万とわかる。一方、木曽義賢の奥方·葵御前は、九郎助に匿われていたが、そこへ斎藤実盛と瀬尾十郎が懐妊詮議のためにやってきた。もし、男の子が誕生した場合は死罪となってしまう。しかし実盛は、今は平家に仕えているが、元は源氏で、昔の恩を忘れていなかった。瀬尾をうまく言いくるめ、生まれた男児を駒王丸と名づけて命を救い、太郎吉を家臣に推薦する。立ち聞いていた瀬尾は太郎吉に刺されるが、瀬尾は実は小万の実父だった…。→ P.119

◆ 恋飛脚大和往来　封印切・新口村

こいびきゃくやまとおうらい　ふういんきり　にのくちむら

飛脚問屋の若旦那・忠兵衛は、恋仲の遊女・梅川を身請けするべく手付金を支払ったが、残りの金を払えずにいた。期限が過ぎ、恋敵の八右衛門が梅川を身請けしようとするが、梅川を抱える治右衛門が忠兵衛に身請けさせようとしたため、八右衛門はその腹いせに忠兵衛を罵る。それに怒った忠兵衛は、梅川を身請けするために、預かっていた公金の封を切ってしまう（封印切)。公金に手をつけ罪人となった忠兵衛と梅川は死を覚悟し、忠兵衛の故郷を訪ね、そこで父・孫右衛門と再会する（新口村)。→ P.26, 69, 115

◆ 新皿屋舗月雨暈　魚屋宗五郎

しんさらやしきつきのあまがさ　さかなやそうごろう

舞台は魚屋宗五郎の家。妾奉公先の磯部主計之助に手討ちにされた妹・お蔦をみなで弔っていた。岩上典蔵は、お家横領をたくらみ、またお蔦に横恋慕していて、暗がりの中でお蔦に言い寄っているところを浦戸紋三郎に邪魔される。腹いせに、典蔵は逆にお蔦と紋三郎が不義密通だと言い立て、お蔦は怒った主計之助に惨殺されてしまう。お蔦の朋輩おなぎからそれを聞いた宗五郎はあまりに悔しくて、絶っていた酒を飲み始め、周囲が止めるのも聞かずに、酒を飲み干してしまう。酔った宗五郎は磯部家に暴れ込み…。→ P.126

◆ 新版歌祭文　野崎村

しんぱんうたざいもん　のざきむら

裕福な商家のお嬢様・お染は、丁稚・久松と許されぬ恋に落ちた。しかし久松は身に覚えのない横領の罪を着せられ、実家へ戻されてしまう。久松は義父・久作の計らいで、お光と祝言することになる。久作から、久松が帰ってきたので婚礼を挙げると知らされたお光は、急な決定に戸惑いながらも嬉しさを隠しきれない。しかし、そこにお染が現れ、実は久松の子を身ごもり、二人で心中するしかないと嘆く。それを知ったお光は、身を引き出家を覚悟し…。
→ P.74

◆ 菅原伝授手習鑑　車引・寺子屋

すがわらでんじゅてならいかがみ　くるまびき　てらこや

菅丞相と呼ばれた菅原道真に可愛がられた梅王・松王・桜丸の三兄弟は、牛飼い舎人を務めていた。梅王は菅丞相、松王は菅丞相の政敵・藤原時平、桜丸が親王の車を担当していた。しかし、菅丞相が時平の策略で太宰府へ流されてからは、三人の仲はギクシャクして敵味方の関係になり、牛車の押し合いに…（車引）。一方、残された菅丞相の子息・菅秀才を守るのは菅丞相の愛た、かねてから養父・武智光秀の仇としてつけ狙っていた真柴久吉が、実父の仇でもあることを知る。怒りに震える五右衛門のもとへ、敵襲が。それは久吉の忠臣である右忠太、左忠太だった。鷹を追って、五右衛門を見つけたのだった。五右衛門は二人を追い返すが、次にそこに現れたのは…。
→ P.122

◆ 芝浜革財布

しばはまのかわざいふ

魚屋政五郎は大の酒好き。ある朝、女房おたつに尻を叩かれ、いつもより早く魚市場に着く。市場が開くのを待ちながら波打ち際を歩いていると、立派な革財布を発見する。中には大金が入っていた。政五郎は財布を拾い、これで当分遊んで暮らせると、すぐさま家に帰って仲間を集めて昼間から大宴会を開く。ところが、一晩寝て目覚めると、おたつに預けたはずの財布がない。おたつには「財布を拾った夢でも見たんじゃないか」と言われて、政五郎は猛省する。それからは酒を断ち、生まれ変わったように働いて、ついには店まで構えるようになるが…。→ P.77

◆ 暫

しばらく

※あらすじは P.83

◆ 春興鏡獅子

しゅんきょうかがみじし

大奥の御小姓・弥生が鏡開きの日に広間で踊るという趣向。まずは恥じらいつつお辞儀。弥生が上様の前で心を込めて優美に舞ううちに、手にした獅子頭に魂が宿り、勝手に動き出す。やがて娘はいなくなり、獅子の精が登場して豪快に長い毛を振るクライマックス。能の『石橋』を基にした囃子に三味線を加えた音楽が歌舞伎らしく華やか。→ P.55, 114

に引っ立てられて来る。平家の残党で頼朝の命を狙う悪七兵衛景清が、阿古屋の愛人だったためだ。景清の行方の詮議の役についたのは、畠山重忠と岩永左衛門。阿古屋は景清の行方を知らない。岩永は水責めの拷問で口をわらせようとするが、重忠はそれを止め、琴、三味線、胡弓を用意させ、阿古屋にここで琴を演奏することを命じる。重忠の言うままに、三種の楽器を弾き唄う阿古屋。心を澄ませ耳を傾けた重忠は、詮議を止めさせる。不服顔の岩永に、阿古屋の奏でる音色に曇りがなく、景清の行方を知らないという言葉に偽りはない、女の心を見る拷問は終わりだと重忠は言い、阿古屋を釈放する。→ P.144

◆ 土蜘

つちぐも

病に伏せる源頼光のもとを、平井保昌が見舞い、侍女の胡蝶は都の紅葉の名所の様子を踊って聞かせる。胡蝶が去ると、頼光は再び苦しみ始めるが、そこへ比叡山の僧・智籌と名のる僧が現れ、祈念を始める。しかし様子が怪しく、頼光は名剣・膝丸で智籌を斬りつける。実は智籌の本性は土蜘の精。智籌は千筋の糸を投げて姿を消す。保昌をはじめ頼光の家臣たちは、土蜘退治に向かう。→ P.121

◆ 積恋雪関扉

つもるこいゆきのせきのと

雪が降り積もる逢坂山の関だが、先帝の愛した小町桜が満開である。その傍らには、先帝の忠臣・良峯少将宗貞と関守の関兵衛が暮らしていた。そこへ、宗貞の元の恋人・小野小町姫が通りかかり、二人は再会する。関兵衛は二人の仲を取り持とうとするが、どこか怪しい。実は関兵衛こそ、天下を狙う謀反人・大伴黒主だった。関兵衛は、これまで機会をうかがっていたが、時が来たとして、野望の成就祈願に使う護摩木とするため、小町桜を切り倒そうとする。ところ弟子だった源蔵。しかし、そのことを時平方に知られ、首を差し出すように言われる。当日、首実検にやって来たのは、菅秀才の顔を知る松王丸だったのだが…（寺子屋）。→ P.36, 112, 116, 119

◆ 助六由縁江戸桜

すけろくゆかりのえどざくら

※あらすじは P.19

◆ 増補双級巴　石川五右衛門

ぞうほふたつどもえ　いしかわごえもん

天下を狙う野望を抱いた石川五右衛門は、勅使に化けて将軍・足利義輝の館に乗り込んだ。すると、そこに現れたのは、此下藤吉郎久吉（豊臣秀吉）。実は久吉と五右衛門は幼なじみで、今は別々の道を歩んでいるが、昔に帰って話をする。やがて五右衛門は養父の次左衛門を入れたつづらを受け取ると、それを背負って妖術で館から飛び去る…。→ P.111

◆ 曾根崎心中

そねざきしんじゅう

醤油屋・平野屋の主人は、手代の徳兵衛を女房の姪と結婚させようと、徳兵衛の継母に持参金を渡す。が、徳兵衛は天満屋の遊女・お初と将来を約束していた。金を取り戻し、一時、その金を友人の九平次に用立てるが、返済を催促すると証文の実印は偽物と言い張られ大喧嘩となる。天満屋でお初が徳兵衛の身を心配していると、徳兵衛が現れたため自分の裲襠の裾に隠して縁の下に忍ばせた。仲間とやってきた九平次を前に、お初は徳兵衛に足で合図して心中を約束する。その夜、二人は天満屋を抜け出して曾根崎天神の森に辿り着く…。→ P.66

◆ 壇浦兜軍記　阿古屋

だんのうらかぶとぐんき　あこや

時は源氏の時代。遊君・阿古屋は堀川御所

の茶屋で出会い、一緒に旅をすることになる。道中で一行は、なぜかラスベガスに辿り着いたり、怪奇現象や盗賊の一味、闇金にも襲われることに。数々の苦難を乗り越えて、やっとのことで伊勢参りを果たすが…。→P.111

◆ 東海道四谷怪談

とうかいどうよつやかいだん

※あらすじはP.57

◆ 鳥辺山心中

とりべやましんじゅう

将軍のお供で京都に来ている菊地半九郎は、まだ座敷に出たばかりの遊女お染の元へ通っていた。その後、半九郎は江戸に帰ることが決まり、お染は悲しみに暮れる。自分がいなくなれば、お染は他の客の相手もしなくてはならない。かわいそうに思った半九郎は、家宝の刀を売った金で身請けをし、お染を自由にしてやろうと考える。友人の坂田市之助にそれを相談していたところに、市之助の弟・源三郎がやってきて、遊里に入り浸っている兄に意見したため、兄弟喧嘩に発展する。そのうち、仲裁に入った半九郎と源三郎の果たし合いとなり…。→P.69

◆ 鳴神

なるかみ

※あらすじはP.83

◆ 人情噺文七元結

にんじょうばなしぶんしちもっとい

左官の長兵衛は博打に目がなく、借金で年越しもままならない。それを見かねた娘のお久は吉原に身を売り、その金で父親を改心させようとする。長兵衛は改心して「必ず迎えに来るから」と、女将から五十両を借りて帰路につく。ところが五十両をなくして身投げ寸前の和泉屋の奉公人・文七に「金より命が大事」と五十両の金を与えてろが、その途端に体がしびれて身動きが取れなくなる。すると墨染と名のる遊女が現れる。しかし実は墨染こそ、小町桜の精。小町桜の精は、相愛だった宗貞の弟・安貞を殺した関兵衛に、恨みを晴らすため人の姿となって現れ…。→P.117

◆ 梅雨小袖昔八丈　髪結新三

つゆこそでむかしはちじょう　かみゆいしんざ

材木商の白子屋は経営に苦しんでいたため、娘のお熊に持参金つきの婿をとり、店を立て直そうとしていた。お熊は番頭・忠七と恋仲だったので、婿とりを嫌がり、どこかへ連れ去ってほしいと忠七に訴えているところを、小悪党の髪結・新三が盗み聞き。新三は、忠七を騙してお熊を奪い連れ去る。新三にやられ、思いつめて身投げをしようとした忠七を助けたのは、土地の顔役・弥太五郎源七。白子屋という金づるができた新三は、初鰹を買って前祝いをしているが、そこへ源七が身代金を持ってやってくる。新三は源七を追い返すが、続いてやって来た家主の長兵衛には歯が立たず、三十両と引き換えにお熊を手放すことにする。長兵衛は、さらに新三をやり込めて十五両と鰹を半分せしめる。やがて新三は、顔を潰された恨みから、復讐の機会を狙っていた源七に待ち伏せをされ…。→P.118

◆ 天竺徳兵衛韓噺

てんじくとくべえいこくばなし

※あらすじはP.59

◆ 東海道中膝栗毛〈やじきた〉

とうかいどうちゅうひざくりげ

信夫の領主・梵太郎は、家督を守り、母の病気の回復を伊勢神宮に願うため、御伴の政之助とともに決意を新たに旅立つ。一方、借金取りに追われる冴えない弥次郎兵衛と喜多八は、偶然大金を手に入れ、伊勢参りに向かうことになる。そして四人は東海道家に潜り込む。ある日、八重垣姫は蓑作を一目見て、勝頼に似ていると彼にすがりつくが、別人だと冷たくあしらわれる。あきらめられない八重垣姫が、濡衣に仲介を頼むと、濡衣は武田の家宝で、今は長尾家にある兜を盗んでくれば仲立ちすると告げるが…。→ P.143

◆ 再茲歌舞伎花轢　お祭り
またここにかぶきのはなだし　おまつり

今日は山王祭の日。屋台の囃子が賑やかな中、町に戻ってきたのは、振る舞い酒でほろ酔いの鳶頭。上機嫌の鳶頭は、なじみになった女郎との思い出話を始める。すると若い者たちが鳶頭に喧嘩をふっかけ打ってかかるが、鳶頭はこれを鮮やかに振り払い…。→ P.27, 82

◆ 身替座禅
みがわりざぜん

都の大名・山蔭右京は浮気性で、旅の途中に白拍子の花子となじみになる。花子が都に来たので逢いに行きたいが、やきもち焼きの妻が怖い。そこで右京は妙案を思いつき、妻の玉の井を呼び出して「最近夢見が悪いので寺参りの旅にでたい」と言ってみるが、許してもらえない。粘った結果、一晩だけの籠り座禅が許される。右京は家来の太郎冠者を呼び出して、自分の代わりに座禅をするよう命じ、替え玉がばれないように衾をかぶせて花子の元へ出かける。その後、ほろ酔い気分で帰宅した右京だが…。→ P.79

◆ 伽羅先代萩
めいぼくせんだいはぎ

※あらすじは P.75

しまう。家に戻った長兵衛と女房は大喧嘩。そこに文七が店主とともに訪ねてくる。長兵衛の侠気とお久の孝行に感心した和泉屋の店主は、文七とお久を夫婦にして店を持たせたいと申し出る。→ P.76

◆ 藤娘
ふじむすめ

『歌へす歌へす余波大津絵』という五変化物の舞踊の一部。もともとは大津絵から抜け出して藤娘が踊るという趣向だったが、1937（昭和 12）年に六代目尾上菊五郎が、藤の精が抜け出して踊るという解釈で演出。以後、それが一般的になった。幕開は真っ暗な中で長唄の一節が歌われ、「チョン」という柝を合図に一瞬にして明るくなり、松の大木に絡みつく藤の花の前に、藤の精が立っているという胸のすくような演出。ほろ酔い気分で踊る藤の精の『藤音頭』が見所。→ P.52

◆ 棒しばり
ぼうしばり

長者の曾根松兵衛は、酒好きの家来・太郎冠者と次郎冠者に、留守中に家の酒を飲まれるのではないかと不安に思い、二人を縛り上げてから外出した。しかし主人が出かけた後、二人はなんとかして酒を飲もうと、協力して酒蔵を開け、蔵の中の酒を飲み干してしまう。酔いのまわった二人は代わる代わる舞を舞う。そこへ主人が帰宅して…。→ P.79

◆ 本朝廿四孝
ほんちょうにじゅうしこう

武田信玄と長尾（上杉）謙信は厳しく対立していたが、和睦のために信玄の息子・勝頼と謙信の娘・八重垣姫を結婚させることになった。しかし将軍暗殺の余波から勝頼は切腹になる。八重垣姫は悲しむが、実は死んだのは身替りで、勝頼は蓑作となって蓑作の妻・濡衣とともに、宿敵である長尾通りがかりの船に助けられ、それが縁で多左衛門の世話になっていた。そこへある日、体じゅうの傷から「切られ与三」と呼ばれ、ゆすりたかりを商売とするようになった与三郎が、仲間の蝙蝠安とやってくる。二人は偶然の再会を果たすが…。→ P.26

◆ らくだ

「らくだ」と呼ばれる宇之助は、ふぐの毒にあたって急死する。兄貴分の熊五郎は、らくだの弔いの金を用立てようと、紙屑屋の久六に声をかけたが、らくだの家には、売るものは何もない。困った熊五郎は、久六を脅して家主の元に使いに行かせ、通夜のための酒肴を出さなければ死人に「かんかんのう」を躍らせると伝える。ところが家主は、家賃を納めなかったらくだが死んだと聞いて大喜び。そのうえ、かんかんのうも、できるものならやってみろと言いだす始末。これを聞いた熊五郎は、嫌がる久六に、無理やりらくだの遺体を背負わせ、二人で家主のもとへ向かうが…。→ P.77

◆ スーパー歌舞伎Ⅱ ワンピース

海賊ルフィとその仲間たち、通称「麦わらの一味」は、大秘宝「ワンピース」を探す航海をしている。その途中、新世界への入り口となるシャボンディ諸島での海軍との戦いの中で、一味は散り散りになってしまう。一人になったルフィは兄エースの処刑宣告を知り、救出のため監獄インペルダウンへ向かうが、エースはすでに海軍本部マリンフォードへと移送された後だった。海軍本部を舞台に、エースを救おうとする海賊団や、ルフィと海軍との間で壮絶な決戦が繰り広げられる。→ P.30

◆ 雪暮夜入谷畦道　直侍

ゆきのゆうべいりやのあぜみち　なおざむらい

雪の夜、吉原にほど近い入谷の蕎麦屋。そこへ雪道をかき分けて片岡直次郎がやって来た。店に入った直次郎は、蕎麦と熱燗で冷えた体を温めた後、店の亭主・仁八に吉原にある大口屋の寮の様子を尋ねる。すると、少し前に同じような問いをした二人連れの客がいたと教えられ、思案する。実は直次郎は数々の悪事を重ねたお尋ね者の身のため、大口屋の寮にいる恋人・三千歳と思うように会えずにいた。そこへ後から店に入ってきた按摩の丈賀が大口屋の寮に向かうことを知り、三千歳への手紙を託す。店を後にした直次郎は、かつてともに悪事を働いた丑松に呼び止められる。ともにお尋ね者の身で、江戸にはいられない二人は互いの無事を祈って別れるが…。→ P.118

◆ 義経千本桜

よしつねせんぼんざくら

源平合戦に勝利した源義経だが、兄・頼朝の怒りを買って京を追われる身。義経は愛人・静御前を家来の佐藤忠信に託して九州に向った。流転の物語に、滅びゆく平家の三人の武将・知盛、維盛、教経の話を織り込んだ超大作、全五段。初段は通し狂言でも略されることが多く、二段目から始まることが多い。初心者には特に四段目の「川連法眼館」(通称「四の切」)がお薦め。狐が人の姿に化けて義経を救う夢幻的な物語。→ P.38, 111

◆ 与話情浮名横櫛　切られ与三

よわなさけうきなのよこぐし　きられよさ

大店の若旦那・与三郎と、木更津の顔役・源左衛門の妾であるお富は、すれ違った際にお互いに一目惚れ。その後、二人は逢瀬を重ねるが、源左衛門に密会が見つかり、与三郎は体じゅうを切られ、そのうえ海に投げ込まれる。お富も海へ身投げをしたが、

新居典子（にい・のりこ）
歌舞伎エディター

出版社勤務を経て、フリーランスのライター＆エディターとして活動中。2001年『和樂』創刊準備号より10年間、和樂編集部に所属。歌舞伎及び、日本の伝統芸能を専属で担当、連載記事などを単行本やムックに多数まとめる。和樂ムック『坂東玉三郎　すべては美のために』、『市川海老蔵　成田屋の粋と艶』など。また、坂東玉三郎丈に密着取材し歌舞伎座の最後を追いかけた『THE LAST SHOW』、『十八代目中村勘三郎襲名写真集』、『片岡仁左衛門写真集＆芸談集』（すべて小学館）、『坂東玉三郎写真集』（講談社）の編集を手がけた。

◎本書の一部は『クリネタ』（No.29）に掲載された記事を加筆修正したものです。

◆参考文献
『歌舞伎名作事典』演劇出版社
『舞踊名作事典』演劇出版社
『新版 歌舞伎事典』平凡社
『歌舞伎＜通説＞の検証』今尾哲也・法政大学出版局

イラストレーション／勝部ともみ
装丁・本文 DTP／スタジオギブ（山本雅一・関上麻衣子）
監修／犬丸 治
校正／株式会社円水社
編集／贄川 雪

ゼロから分かる！
図解 歌舞伎入門

発行日　　2019年5月5日　初版第1刷発行

発行者　　竹間 勉
発　行　　株式会社世界文化社
〒102-8187
東京都千代田区九段北 4-2-29
電話 03（3262）5118（編集部）
03（3262）5115（販売部）
印刷・製本　株式会社リーブルテック

ISBN978-4-418-19210-6